내일 음악이 사라진다면

내일 음악이 사라진다면

1판 1쇄 인쇄 2024. 6. 13.
1판 1쇄 발행 2024. 6. 20.

지은이 양성원·김민형

발행인 박강휘
편집 심성미 **디자인** 박주희 **마케팅** 백선미 **홍보** 이한솔·강원모
발행처 김영사
등록 1979년 5월 17일(제406-2003-036호)
주소 경기도 파주시 문발로 197(문발동) 우편번호 10881
전화 마케팅부 031) 955-3100, 편집부 031) 955-3200 | **팩스** 031) 955-3111

값은 뒤표지에 있습니다.
ISBN 978-89-349-5778-2 03670

홈페이지 www.gimmyoung.com   **블로그** blog.naver.com/gybook
인스타그램 instagram.com/gimmyoung   **이메일** bestbook@gimmyoung.com

좋은 독자가 좋은 책을 만듭니다.
김영사는 독자 여러분의 의견에 항상 귀 기울이고 있습니다.

양성원

첼리스트, 연세대학교 음악대학 관현악과 교수, 런던의 로얄아카데미오브뮤직(RAM) 초빙교수, 제4대 평창대관령음악제 예술감독. 일곱 살에 첼로를 시작해 야노스 슈타커를 사사했다. 세계 무대에서 솔리스트 및 실내악 연주자로 활발한 활동을 펼치며 '한국 첼로의 자존심'으로 평가받고 있다. 올해의 예술상, 대원음악연주상, 객석예술인상을 수상했고, 2017년 프랑스 정부로부터 슈벨리에 문화예술공로훈장을 받았다. Decca, EMI 레이블에서 다수의 앨범을 발표했다.

김민형

수학자, 에든버러대학교 위터커 석좌교수 및 국제수리과학 연구소장, 서울고능과학원 식학교수, 전 옥스퍼드대학교 수학과 교수 및 서울대학교 초빙 석좌교수. 첨단 위상수학, 양자장론, 고전 정수론을 융합하는 혁신적인 이론을 개발하여 세계적 수학자의 반열에 올랐고, 2012년 호암과학상을 수상했다. 국내외를 오가며 수학 대중화에도 힘쓰고 있다. 저서로《수학이 필요한 순간》《삶이라는 우주를 건너는 너에게》《어서 오세요, 이야기 수학 클럽에》등이 있다.

내일 음악이 사라진다면

양성원 × 김민형

김영사

"어려움을 맞닥뜨릴 때 바흐의 〈무반주 첼로
모음곡〉 중 한 악장을 천천히, 매우 천천히 연주
하며 스스로를 치유하는 오랜 습관이 있습니다.
오로지 청각에 집중해 바흐의 곡 한 음 한 음,
한 화성 한 화성에 마음을 열고 다스리다 보면
삶을 있는 그대로 받아들일 긍정적인 마인드를
갖게 됩니다."

양성원

© Jean Lim 2024

"음악을 이해하고 싶다는 마음은 예나 지금이나 꽤 강했습니다. '왜 누구나 다 그렇게 음악을 좋아하는가?'는 저에게 정말 미스터리였습니다. 곡을 수학적으로 이해한다고 해도 한계가 있을 거라고 생각합니다. 그런데 저는 그 한계가 어디까지인지도 알고 싶습니다."

김민형

© 카오스재단

차
례

음악은 감정에 대한
끝없는 탐구

런던 로열아카데미오브뮤직의 초빙교수로 옥스퍼드대학교를 방문했다가 당시 수학과 교수로 재직 중이던 김민형 선생님과 인연이 닿았습니다. 세계적인 수학자인 김민형 선생님과 음악에 대해 주고받은 대화는 그 어느 때보다 흥미로웠고 김 선생님의 끝없는 지적 호기심과 예술에 대한 광대한 지식에 깊은 감동을 받았습니다. 장르를 막론한 대화는 해를 거듭하면서 계속 이어졌고, 우리가 나눈 대화를 다른 이와도 공유하고 싶다는 생각이 들었습니다. 그래서 첼리스트와 수학자의 우정을 기반으로 한, 음악에 관한 책을 함께 써보자고 제가 제안했습니다.

2021년부터는 본격적으로 대화를 시작했습니다. 머무는 공간이 달랐기에 각각 영국, 독일, 한국에서 김민형 선생님과 저와 편집자가 여러 차례 온라인상으로 대화를 나누었습니다. 그 대화의 결과물이 바로 이 책입니다. 가끔 심각해지고 자주 흥미진진한 가운데 서로의 말을 주의 깊게 들었고, 저희의 대화는 1천 매 이상의 녹취록으로 정리되었습니다. 녹취록을 보충하고 삭제하면서 대화 속의 웃음, 감탄, 긴장을 다시 한번 되새길 수 있었습니다.

음악은 우리를 일상생활에서 벗어날 수 있게 합니다, 다시 꿈을 꿀 수 있게 합니다. 음악은 다른 시대에 다른 삶을 살았던 이들의 생각, 그들이 추구했던 이상과 철학을 담은 예술입니다. 음악을 듣다 보면, 작곡가와 연주자가 어떤 어려움, 어떤 고통, 어떤 슬픔을 이겨내려 했는지가 들려오고, 그런 인간 감성의 아카이브가 바로 음악이라고 생각합니다. 또한, 음악은 인간 내면의 가장 깊은 곳의 울림이자 그들의 울림과 우리의 울림이 만날 수 있는 '공간'이라고도 믿습니다.

연주자는 운동선수처럼 항시 준비되어 있어야 하며, 동시에 종교인처럼 영적인 면도 갖춰야 한다고 생각합니다. 종교인이 매일같이 기도하는 궁극적인 이유는 신과 조금 더 가까워지고 싶은 마음 때문이 아닐까요. 연주자 역시 연주했던 곡들, 특히 자신이 너무나도 잘 알고 있는 곡들을 반복해서 연습하는 것은 조금 더 연주를 잘하려는 마음뿐 아니라 그 작곡가의 내성內省과 더욱 가까워지고 싶은 열망 때문은 아닐까요. 이따금 대가의 공연을 보고 나서 실망할 때가 있습니다. 반면에 학생의 연주를 듣고 눈물이 고일 때가 있습니다. 그 학생의 기도와 같은 연습, 본인의 목소리를 찾고 작곡가에게 다가가고 싶었던 연습의 흔적을 느꼈을 때 이러한 큰 감동을 느끼고는 합니다.

저는 이 책이 무거운 책이 되는 건 원하지 않습니다. 음악을 좋아하는 사람이라면 누구나 부담 없이 펼쳐 들 수 있으면서도 음악의 구조 및 조성과 같은 요소를 수학적으로도 살펴볼 기회가 되었으면 합니다. 음악을 연주한다는 것은 화성이나 박자 등 수학의 기본 원리에 따라 만들어진 요소를 이해하지 않고는 불가능한 것이기도 합니다.

김민형 선생님이 그간 쓰신 책들이나 바흐부터 근대 음악에 대한 무라카미 하루키와 오자와 세이지의 대화로 이루어진 책보다는 조금 더 분명한 주제를 가지고 대화를 나누었습니다. 아니, 대화보다는 가벼운 수다로 읽어주셨으면 합니다. 이 책은 첼리스트와 수학자가 클래식 음악부터 대중 음악까지, 연주하는 이의 마음부터 듣는 이의 마음까지 이야기하는 새롭고 신선한 시도가 될 것입니다.

수학자와 연주자가 생각하고 이해하는 음악은 달랐습니다. 이 책은 한 가지 결론에 이르려는 목적으로 만들어진 것이 아닙니다. 독자들이 이 책을 통해 음악을 둘러싼 다양한 논의를 이어갈 수 있기를, 자기만의 감상법을 발견하고 음악을 즐길 수 있기를 바랍니다.

2024년 6월
프랑스 파리에서
양성원

C현

우리가 감동이라고 부르는 것

우리가 감동이라고 부르는 것

"슬프거나 기쁘다는 어떤 특정한 감정과 아무 상관 없이도
감동은 느낄 수 있잖아요. 곡이 구조적으로 완벽해서
좋은 거지, 감정을 불러일으키기 때문에 좋은 건
아니라는 주장도 가능하지 않을까요?"

김민형

"슬픈 곡을 들을 때 왜 감동하는 걸까요? 자기 인생의
어떤 에피소드가 떠오르기 때문은 아닐까요?
그 곡을 통해 인생의 슬펐던 한순간을 떠올리고 눈물을
흘리는 거죠. 클래식 음악의 매력은 눈물과 미소를
동시에 유발한다는 데 있습니다. 눈물을 흘리면서
마지막엔 미소를 짓게 하는 음악입니다."

양성원

감정을 느끼지 않아도
감동이라고 할 수 있을까

김 음악을 들을 때 몇 가지 입장이 있을 것 같습니다. 작곡가로서, 연주자로서, 그리고 청자로서의 입장입니다. 음악을 감상할 때 세 사람의 차이가 있겠지요.

양 제가 연주자니까 연주자 입장에서 먼저 말씀드리겠습니다. 악보 자체만 보면 아무것도 없어요. 그저 백지에 먹으로 쓰인, 추상적인 기호들뿐이죠. 연주자는 작곡가의 의도를 분석해야 하는 숙제를 떠안습니다.

저는 악보의 화성을 이해하고 나서 이 화성의 강약과 타이밍을 찾습니다. 음의 색채에 어울리는 감정을 담기 위한 작업이죠. 강약과 타이밍이 잘 조합되어야만 연주에 감정을 잘 담을 수 있습니다. 강약과 타이밍, 이 둘의 균형이 정말 중요합니다. 저는 청중이 그 악보를 감정적으로 이해할 수 있게끔, 청각적으로도 이해할 수 있게끔 전달하는 거죠.

김 그러니까 연주자는 이론적인 구조를 감정적인 경험으로 바꾸는 역할을 하는 거죠?

양 네, 그러나 제 의견에 동의하지 않는 연주자들도 있을 겁니다.

김 모든 청중이 반드시 감정적인 경험을 할까요?웃음

양 꼭 그렇지는 않습니다. 음악을 듣고 감동받는다고 할 때 두 가지 경험으로 나눌 수 있겠습니다. 아는 곡을 듣는 경험과 모르는 곡을 듣는 경험입니다.

자신이 즐겨 들어서 귀에 익숙한 곡을 라이브로 들었을 때부터 생각해볼까요. 라디오에서 들었을 수도 있고 광고 배경음악으로 접했을 수도 있죠. 그 곡의 라이브 연주를 처음 듣게 되면 예전에 다양한 레코딩 연주로 듣던 곡과는 다르게 들리는 경험들을 합니다.음악 애호가들에게는 특히 남다른 경험일 거예요. 이때는 그 곡을 구조적으로 이해하고 있는 것과 상관이 없습니다.

자신이 알고 있는 곡을 여러 사람과 함께 같은 공간에서 라이브로 들을 때 더 큰 감동을 받습니다. 같은 공간에서 들으면 '침묵'이라는 배경이 있어서 더욱 집중해서 들을 수 있어요. 그 침묵이 청각을 깨워요. 100명, 200명이 한자리에 모인 조용한 순간, 나의 귀가 음악을 경청할

준비를 하는 거죠.

레코딩 연주로 아무리 여러 번 들었던 음악이라도 라이브의 순간에는 파동이 다릅니다. 자신의 청각이 얼마나 곤두서는지 본인도 몰라요. 모두가 조용한 순간, 오로지 청각에만 집중하는 과정에서 어느 때보다 더 큰 감동을 받습니다. 청중과 연주자가 숨 고르기를 하면서 감각이 곤두섭니다. 매우 섬세한 순간으로, 모두 집중하게 되는 거죠.

감상이라는 면에서, 다 함께, 같은 공간에서, 침묵으로 말미암아 우리의 감각이 어떻게 곤두서는지, 그게 가장 중요한 포인트입니다.

김 전혀 모르는 곡을 들을 때도 마찬가지겠지요?

양 약간의 시간 차가 있습니다. 아는 곡이라면 연주가 시작되자마자 금세 감동에 휩싸여 끝까지 듣고, 모르는 곡이라면 시간이 조금 더 걸리겠죠. 연주가 끝나자마자 감동이 찾아올 수도 있고, 한번 감동받으면 며칠이나 몇 주가 지나서도 유지됩니다. 이럴 때 그 곡과 연주자를 다시 찾아보기도 합니다.

김 양 선생님의 말씀을 저는 이렇게 이해했습니다. '곡을 듣고 감동받으려면 이미 귀에 익숙한 곡이어야 한다, 그리고 익숙한 곡이 아니라면 감동받기까지 시간이 필요하다.'

양 자신이 알던 곡을 들어서 감동받으면 그 곡의 여러 연주를 알게 되고, 그러면 그 곡을 더 깊이 이해하게 됩니다. 바흐의 〈무반주 첼로 모음곡Six Suites for Solo Cello〉▼ '1번 프렐류드Prelude'의 경우 매우 많은 여러 연주 버전이 있습니다. 연주자 입장에서 말씀드리면 어떤 버전을 듣느냐에 따라 새로운 해석의 가능성이 열립니다. 연주자마다 다르게 해석하기 때문이죠. 단풍이 매년 같지는 않아요. 자주 보고 오래 보는 사람만이 감지할 수 있는 무언가가 있습니다. 바흐의 〈무반주 첼로 모음곡〉이 그런 단풍 같다는 생각을 합니다. 늘 새로운 해석의 가능성이 있는 명곡입니다. 이 곡을 너무나 잘 알고 있는 저로서는 때로 상당히 신선하다고 느낄 만한 해석을 발견할 때도 있어요. 그 순간의 감동은 이루 말할 수 없습니다.

본인에게 낯선 곡이냐, 익숙한 곡이냐에 따라 감동은 상당히 다를 수밖에 없습니다. 제가 추구하는 감동은 후자입니다.

▼ 바흐가 활동하던 1717~1723년 작곡했을 것으로 추정된다. 거의 200년간 묻혀 있다가 첼리스트 파블로 카잘스가 1890년 바르셀로나 고서점에서 악보를 발견하고 1901년 처음 무대에서 연주했고, 전곡을 녹음한 음반이 세상에 나오면서 명곡의 반열에 올랐다. 첼로가 독주 악기로 부각되는 데 큰 역할을 한 곡으로 평가받고 있으며, 첼로 연주자들에게도 큰 영감을 주는 곡이다.

아는 만큼, 경험한 만큼 음악이 더 감동적으로 다가올 수 있다고 생각합니다. 슬픈 곡을 들을 때 우리는 왜 감동하는 걸까요? 자기 인생의 어떤 에피소드가 떠오르기 때문은 아닐까요? 그 곡을 통해 인생의 슬펐던 한순간을 떠올리고 눈물을 흘리는 거죠. 클래식 음악의 매력은 눈물과 미소를 동시에 유발한다는 데 있습니다. 눈물을 흘리면서 마지막엔 미소를 짓게 하는 음악입니다.

김 하지만 슬프거나 기쁘다는 어떤 특정한 감정과 아무런 상관없이도 감동은 느낄 수 있잖아요. 곡이 구조적으로 완벽해서 좋은 거지, 감정을 불러일으키기 때문에 좋은 건 아니라는 주장도 가능하지 않을까요?

음악 이론가들 중에는 절대 음악의 개념을 중요시하는 사람도 있습니다. '곡을 어떻게 해석할 것인가'가 아니라 '곡 자체로서 얼마나 아름다운가' 하는. 뛰어난 곡이라면, 감정하고는 아무 상관 없다는 믿음도 가능하지 않을까요?

양 형식적으로 구조적으로 훌륭한 작품이라서 감정과 상관없이 감동이 일어날 수 있지요. 물론 동의합니다! 구조적·형식적 완벽함을 인지하기도 전에, 설사 그것을 알지 못하는 상황에서도 특정 곡이 감동적일 수 있습니다. 하지만 그 곡을 듣고 내 친구는 전혀 감동을 못 받는데 왜 나는 감동을 받을까, 이런 질문을 해보면 어떨까요. 지식과 경험의 차이 때문 아닐까요?

전문가 입장에서 보면 수준이 좀 떨어지는 곡도 있습니다. 그럼에도 더 큰 감동을 주는 곡이 있죠. 곡을 평가할 때 몇 가지 기준이 있습니다. 그 곡이 감정을 불러일으키는가, 작곡이 잘되었는가, 장르를 발전시켰는가.

김 일반 청중도 바흐의 음악에서 놀라움을 많이 느낀다고 생각합니다. 곡이 어떤 감정을 불러일으킨다기보다 구조적으로 훌륭해서 감동을 선사하는 거죠. 가령 〈무반주 바이올린 소나타Sonata For Solo Violin〉▼에서는 감정의 작용을 느낄 수 있지만 〈푸가의 예술Die Kunst der Fuge〉▼▼이 주는 감동은 감정과 거리가 좀 먼 것 같습니다.

양 저는 〈푸가의 예술〉을 들을 땐 압도당합니다. 그 감정은 작곡가와 연주자에 대한 존경심입니다. 아는 만큼 감동받는다는 것이 이런 것이 아닐까 싶어요.

▼ 바흐가 1720년경 작곡했다. 19세기 후반부터 재조명되어 20세기 들어서면서부터 독주 바이올린 곡으로 자리매김했다. 바이올리니스트의 실력과 성향을 발산할 수 있는 필수 연습 및 연주 곡이다.

▼▼ 바흐가 1748~1749년 무렵부터 쓰기 시작했으나 1750년에 세상을 떠나면서 미완성 작품으로 남았다. 푸가의 작곡 기법을 집약한, 역사상 최고 수준의 대위법을 활용했다. 악기를 배정하지 않은 데다 수준이 너무 높아서 20세기 초반까지도 연주가 불가능한 추상적인 작품으로 인식되었으나 1927년 볼프랑 그래저에 의해 실제 연주 가능성이 높아졌고 이후 관현악 곡으로 편곡되어 한 번 더 유명해졌다.

〈푸가의 예술〉이 얼마나 쓰기 어려운 곡인지, 얼마나 연주하기 어려운 곡인지 안다면 작곡가에 대한 존경심이 일어나지 않을 수가 없습니다. 인간의 영역을 넘어섰다고 할 만큼 대단한 곡을 연주하는 연주자에게도 마찬가지고요. 연주자는 그 높은 산을 오른 사람이죠. 곡에 대한 정보가 있다면 완전히 다른 차원의 감동이 이렇게 생깁니다.

대단한 작곡가가 있었기에 후배 작곡가들이 존재할 수 있었다고, 〈푸가의 예술〉은 작곡의 미래를 열어준 작품이라고 생각해요. 평가 기준 중 하나, '장르를 발전시켰는가'에 부합하는 곡이지요. 모든 작곡가들의 궁극적은 야망은 〈푸가의 예술〉이라고 해도 과언이 아닙니다.

김 그렇다면 그 곡이 감정적 감동을 느끼게 하는 정도는 아니라는 데 동의하시나요?

양 꼭 눈물을 흘려야만 감동적이라고 할 수는 없어요. 〈푸가의 예술〉은 바흐의 대위법이 집대성된 곡입니다. 전문가의 입장에서 들으면 엄청난 감동이 밀려옵니다. 작곡가에 대한 존경심이 없을 수 없어요. 이 감동은 감정적인 무언가와는 다릅니다.

김 그것도 감동이라고 할 수 있지만 '직접적 감동'은 아니라는 데에는 동의하시나요?

양 지적인 감동과 감정적 감동은 구분할 수 있겠네요. 바흐의 〈무반주 첼로 모음곡〉에서 '사라방드Sarabande'는 감정적 감동을 불러일으키기도 합니다.

김 네, 알겠습니다. '감동'이라는 단어를 정확히 어떻게 써야 하는지 잘 모르겠지만 여기서는 여러 다른 종류의 감동이 있다고 인정해야 할 것 같습니다. 그런데 '프렐류드'에 대해서도 감정적으로 느낀다고 말씀하신 적이 있습니다.

양 네, 예를 들면 11소절이 그렇습니다. 이건 어디까지나 제 취향입니다. 다른 사람들이 동의하지 않을 수도 있지만요.

김 다른 사람들이 동의하지 않는다는 것은, 사람들이 그 곡을 들었을 때 양 선생님의 '감정'에 동의하지 않는다는 말씀이지요?

양 네, 11마디나 13마디 장조에서 단조로 넘어가는 구간을 개인적으로 좋아합니다. 상당히 낭만적입니다.

김 낭만적이라는 건 무슨 뜻인가요?

양 그러니까, 따뜻함이 느껴집니다. 11마디로 들어갈 때 A마이너, 단조 키에 어울리는 소리가 무엇일까 생각합니다. 활을 켜는 속도는 천천히 줄이고 활에 무게가 실리게 해서, 외향적인 장조 키에서 내면적인 단조 키로 들어갈 때 가장 어울리는 색을 찾아가야 합니다. 보통 장조 키는 외향적이고 단조 키는 내성적이라고들 합니다. 저는 개인적으로 단조 키를 더 매력적이라고 생각합니다.웃음

김 어떤 대목에서는 연주자에 따라 더 감정적으로 연주할 수도 있고 그러지 않을 수도 있겠네요.

양 그렇죠. 11마디, 13마디, 그리고 24마디에서 제가 상당히 낭만적으로 연주하는 구간이 있습니다. 이 타이밍에는 활을 천천히 켜면서 단조 화성을 보여주는 음에 무게감을 실어야 합니다. 음표 하나하나의 느낌을 강조해야 한다고 생각해요. 그 구간을 연주할 때는 대위법보다는 인간 바흐가 느껴져요.

김 미샤 마이스키Miša Maiskis▼가 연주하는 〈무반주 첼로 모음곡〉은 어떤가요? 양 선생님이 그 연주가 무척 감정적으로 느껴진다고 말씀하신 적이 있어서요.

양 어디까지나 제 취향상 그렇다는 거죠. 마이스키는 전 세계적으로 인기 많은 대단한 연주자입니다. 제가 마

▼ 라트비아공화국 출신 첼리스트.1948~ 상트페테르부르크음악원을 거쳐 차이콥스키 국제 콩쿠르에서 우승하며 당대 최고 거장 로스트로포비치의 지도를 받았다. 빈을 거쳐 미국으로 망명하여 피아티고르스키를 사사했으며 카네기홀 공연으로 세계적으로 유명해졌다. 필라델피아필하모니, 빈필하모니, 런던필하모니 등 세계적인 교향악단들과 협연해왔고 독주자로서도 연주 활동을 했다. 감성과 기교에 치우친다는 평도 있지만, 그의 〈무반주 첼로 모음곡〉 연주는 '바흐의 서정성을 가장 효율적으로 표현한 연주' 중 하나로 손꼽힌다.

이스키를 싫어하는 건 아닙니다. 웃음

하지만 저처럼 악보를 이론적으로 분석해서 연주하는 사람들은 그가 지나치게 화려함을 추구한다고 생각합니다. 악보를 보지 않은 청자들에겐 마이스키의 연주가 당연히 아름다울 수 있습니다. 그런 첼리스트가 있어야 음악도 발전한다고 생각하고요.

김 다양한 연주자들이 다른 종류의 발전에 기여하는 거지요.

양 네, 다시 한번 강조하자면, 제 취향과 맞지 않을 뿐이지 마이스키는 제가 존경하는 아티스트입니다.

김 양 선생님은 파블로 카잘스Pablo Casals▼▼나 아너르 빌스마Anner Bylsma▼▼▼를 더 존경하는 것 같은데요? 웃음

양 네, 저도 모르게 그러네요. 웃음

▼▼ 에스파냐의 첼리스트. 1876~1973 현대의 첼로 연주법을 완성시켜 20세기 첼로 거장으로 불린다. 마드리드교향악단과 협연하면서 솔리스트로 활동하기 시작했고, 지휘에도 관심을 가지기 시작해 자신의 이름을 딴 오케스트라를 조직했다. 10대 시절 고악보 상점에서 〈무반주 첼로 모음곡〉을 발견한 것에서 나아가 이 악보를 10년 이상 연구해 완전한 모음곡 형태로 만들어 이 작품이 첼로 음악의 최고 명곡으로 인정받는 데 결정적인 영향을 미쳤다.

▼▼▼ 네덜란드의 첼리스트. 1934~2019 카잘스와는 완전히 다른 최고의 연주 스타일로 첼리스트들에게 큰 영감을 주었다. 파블로카잘스 경연대회에서 우승하면서 국제적 명성을 얻기 시작했다. 덴하그왕립음악원을 최우등으로 졸업하고 관현악단과 오케스트라의 수석 첼리스트로 연주 활동을 하다가 실내악과 솔로 연주에 집중했다. 바로크 시대의 첼로 연주 기법을 제시해 첼로 붐을 일으켰다.

그 두 분은 마이스키와는 매우 다른 음악을 추구하지만 그런 연주를 통해 무한한 가능성을 또 열어주기도 합니다. 누구나 자기가 존경하는 분을 알게 모르게 닮으려고 하겠죠.웃음

얼마 전에 클래식 음악 애호가 친구와 지휘자에 대해 이야기 나누었습니다. 제가 클라우디오 아바도Claudio Abbado를 좋아한다고 했더니 그 친구가 크게 웃더군요. 왜 제가 그 지휘자를 좋아하는지 이해한다면서, 아바도의 약간 지루할 때도 있지만 학구적인 면이 저와 비슷하다는 거예요.웃음

곡의 구조를 알지 못해도
음악을 즐길 수 있을까

김 마이스키에 대해 왜 그렇게 생각하시죠?

양 제가 마이스키를 저평가하는 건 절대 아닙니다. 그는 위대한 아티스트입니다. 하지만 제가 보기에 마이스키는 대중성을 추구합니다. 파블로 카살스나 아니르 빌스마가 '예술'의 경계 내에서 곡의 작품성을 충분히 살리고 해석해서 저에게 주는 감동과는 달라요.

감동에도 여러 층위가 있습니다. 제가 그 곡에서 발견하지 못했던 면을 발견하게 해주면, 그 연주자에게 존경심이 생기지 않을 수가 없어요. 각자 추구하는 방향이 있겠죠. 저는 카잘스가 저에게 더 맞는, 혹은 바른 방향을 보여주었다고 생각해요. 첼로계에서는 카잘스 스타일을 낭만주의 스타일, 빌스마 스타일을 업데이트된 바로크 스타일이라고 평하고 있어요.

김 곡의 구조를 이해해서 청자가 감동을 느낄 수 있게 전달하는 것, 연주자의 그 역할이 중요하다고 말씀하셨잖아요. 조금 우습게 표현하자면 '감동의 수준'이 여러 가지라는 말씀인 것 같네요. 테크닉이 뛰어난 연주자에 대해서도 '저 사람은 너무 대중적으로 연주한다'라는 평을 하기도 하잖아요. 이 경우엔 감동의 질이 낮다는 뜻인 것 같습니다.

양 네, 그런 비판이 있기도 합니다. 음악의 발전에 큰 역할을 담당한 것과는 별개로, 연주 스타일이 매우 대중적인 연주자가 있습니다. 므스티슬라프 로스트로포비치 Mstislav Rostropovich▼가 있었기 때문에 요요마Yo-Yo Ma▼▼가 나올 수 있었고, 요요마가 있었기 때

▼ 러시아의 첼리스트, 지휘자.1927~2007 20세기 가장 뛰어난 첼로 연주자로 손꼽힌다. 스승 드미트리 쇼스타코비치는 소련의 공산주의 정치를 반대하다가 교수직을 박탈당했고 로스트로포비치도 시베리아로 유배당하기도 했다. 매우 넓은 연주 레퍼토리와 치밀하게 연마된 정력적인 연주 스타일로, 많은 작곡가가 그에게 작품을 헌정했다.

▼▼ 미국의 첼리스트.1955~ 다섯 살 때 〈무반주 첼로 모음곡〉을 외워 여섯 살에 독주회를 열었다. 자신의 상징과도 같은 〈무반주 첼로 모음곡〉 연주를 1983년부터 약 10년 간격으로 총 세 번이나 음반으로 발표했다. 50년 이상 전 세계를 무대로 활동하면서 화려한 명성을 쌓은 연주자로, 클래식은 몰라도 요요마는 알고 있다는 말이 나올 만큼 대중적 인기가 높다. 그래미상만 열아홉 차례 받았고, 2022년에는 클래식 음악계의 노벨상이라고 불리는 비르기트 닐손상을 받았다. 무

문에 랑랑Lang Lang▼▼▼이 활동할 수 있었습니다. 로스트로포비치는 자신의 소신에 따라 정치적 활동도 활발하게 했지요. 요요마는 곡을 더 대중적으로 풀어냈고 랑랑에 가서는 그 정도가 더 강해집니다.

제가 요요마의 연주를 30년 넘게 들었습니다. 저뿐 아니라 대중도 요요마의 연주 스타일을 좋아하지요. 최근에 와서 저는 요요마의 연주를 예전보다 더 좋아하게 됐습니다. 그 완벽성 때문입니다. 요요마는 100퍼센트, 아니 200퍼센트 준비된 연주자입니다. 70세가 다 되었는데도 여전히 본인 관리가 철저하고 연주 스타일의 변화를 꾀합니다. 저는 그것만으로노 대단하다고 생각해요.

처음에는 큰 홀에서 대중을 위한 연주에 집중했는데 지금에 와서는 본인이 느낀 바를 표현하는 데 주력합니다. 그분의 음악에는 변화가 스며들어 있어요. 스타일은 다양할수록 좋다고 생각합니다. 비록 제 취향은 아니지만 요요마는 가장 큰 인기를 누린 거장입니다. 로스트로포비치, 요요마, 랑랑, 세 분은 베토벤과 바흐에 차이를 두지 않아요. 그렇다고 해서 그들이 곡의 구조를 모른다는 것은 아닙니다. 구조를 충분히 알고서도 더 대중적인 연주 스타일을 선택했다는 거죠. 그 선택을 존중하지만 연주자 입장에서 보면 아쉽긴 합니다. 대중이 좋아하고 존경하는 아티스트와 연주자가 좋아하고 존경하는 아티스트가 다르다고 생각합니다.

김 우리가 감동에 대해 이야기하려면 감동의 질을 빠뜨릴 순 없습니다. 여기서 재밌는 것은, 그 감동이 무엇이건 간에, 연주자가 곡을 연주할 때 관객에게 감동도 주어야 하고 곡을 이해하게도 해야 하는, 이 둘 사이의 조화가 필요하다는 말씀이지요?

양 연주하는 것만큼이나 감상한다는 것 역시 상당히 복잡한 과정이라고 생각합니다. 연주회를 통한 감상은 더더욱요. 음악은 인류 역사에서 상당히 오래전부터 존재했고, 지금과는 달리 과거에는 사람들이 공연에 참석했습니다. 교회에서 함께 노래를 부르기도 했고, 축제라도 하면 함께 춤을 추었습니다. 중세, 르네상스기에 이르러서 연주자와 청자가 구분되기 시작했습니다. 왕궁, 콘서트홀, 살롱으로 연주 장소가 바뀌었고 전문 연주자들이 각광받았습니다.

저희가 연주회에 참석하는 게 어떤 작곡가의 곡을 듣기 위해서일까요? 혹은 특정 연주자의 연주를 듣기 위해서일까요?

감상을 둘러싼 많은 요소와 많은 과정이 있습니다. 일단 선택의 과정이 있습니다. 그 곡을, 그 아티스트의 연주를 듣겠다는 선택을 하기까지 여러 요소가 작용하겠지요. 그리고 그 곡을 듣는 날이 오기를 기다립니다. 홀을 찾아가서 여러 사람과 함께 자리에 앉습니다.

그 과정을 거치기 때문에 실제로 그 곡이 연주되는 순간 청자는 더 큰 감동을 느낄 수 있습니다. 음악을 듣기 위한 준비 과정이죠. 기다리고 찾아가고 하는 일 모두 감동에 필요한 과정입니다. '과정' 자체가 얼마나 중요한지, 개인적인 일화 한 편 말씀드릴게요.

1990년대에 연주를 하러 미야자키를 자주 방문했습니다. 미야자키에 하리카이 선생이라고, 안과의사가 계셨어요. LP레코드판이 나오기 전에 SP레코드판이 있었는데, 그분이 SP레코드판 수집가였습니다. 미야자키에 갈 때마다 하리카이 선생 댁에서 음악을 들을 기회가 있었습니다.

선생님과 점심으로 스시를 먹고 댁에 가면 사모님이 녹차를 내주셨어요. 선생님은 음악을 듣기 전에 저에게 연필과 메모지를 건네주면서, 무슨 음악을 듣고 싶은지 물어보십니다. 벽 한 면 전체가 모두 SP 레코드판이었습니다. 선생님은 하얀 장갑을 끼고 제 리스트를 보면서 SP 레코드판을 골라 오십니다. 판을 최소한으로 접촉하기 위해서였을 거예요, 장갑 낀 한 손으로 판을 살짝 건드리면 다른 손 안으로 판이 딱 들어옵니다. 판을 턴테이블 위에 올려놓은 다음 태엽을 감습니다. 대나무 바늘을 썼는데, 판이 상하지 않게끔 하려는 의도였습니다. 한 번 들을 때마다 바늘을 깎아야 했어요. 돋보기를 쓰시고 대나무 자르는 가위로 바늘을 잘랐습니다.

무척 긴 과정입니다. 리추얼입니다. 제스처 하나하나를 다 본 다음, 그 제스처들이 얼마나 몸에 뱄는지를 알게 된 다음, 음악이 나오는 순간, 소름 끼칠 만큼의 큰 감동이 몰려옵니다. SP 레코드를 듣기까지의 과정이 있었기 때문은 아닐까 싶습니다. 온라인상에서 쉽게 음악을 골라 듣는 사람은 느낄 수 없는 감동이라고 생각합니다.

제가 어려서부터 바흐의 곡을 여러 번 들었지만 특별히 기억에 남는 연주가 있습니다, 그 아티스트가 특정 공간에서 이렇게 연주하더라 하는. 즉 감상은 단순히 소리의 문제가 아니라 눈으로 보고 피부로 느끼고 귀로 듣는 모든 체험이 집약된 활동이라는 것입니다.

김 특정 공간에서 여러 사람과 함께 듣는 것, 그런 요소들이 뭉쳐서 그 나름의 음악적 경험이 형성될 수도 있지요. 그런데 사르트르 같은 사람은 슈베르트나 슈만의 '녹음된' 가곡을 듣는 게 더 좋다고 주장하기도 했습니다. 완전히 틀린 말일까요?

양 레코딩 음악이 더 좋다는 말을 하기까지 상당한 분석이 선행됐을 거예요. 하지만 제가 보기엔, 공연장에 가서 몇백 명, 몇천 명이 함께 들었을 때만큼의 감동은 아닐 거라고 생각합니다. 저는 귀가 모이는 공간에 대한 믿음이 있습니다.

김 슈베르트의 가곡은 큰 공연장을 위해 작곡된 게 아니라고 하지 않나요? 그리고 그의 많은 가곡이 극히 개인적인 경험과 감성을 표현하지요. 그렇다면 혼자서 듣는 게 더 좋지 않을까요?

양 성악가의 라이브를 혼자 듣는다면 그렇겠네요.

김 여러 사람들과 함께 듣는 것이 절대적으로 좋다는 말씀이군요.

양 가곡은 작은 공연장에서 듣는 게 더 좋습니다. 최대 150~200명 정도 수용 가능한 공연장에서요.

김 첼로는 어떨까요?

양 바이올린이나 피아노 연주 공간처럼 400~500석 규모 공연장이 가장 이상적이라고 생각합니다.

김 단지 악기뿐 아니라 곡에 따라서도 적정한 공연장 규모가 있겠지요?

양 그럼요. 바흐의 음악은 성당에서 듣는 게 가장 좋습니다. 성당 같은 울림이 풍부한 장소에서 연주하기 위해 작곡했다는 게 확실합니다.

김 〈무반주 바이올린 소나타〉도 그런가요?

양 네, 마찬가지입니다. 그 곡의 화성을 이해하고, 이해한 것을 표현할 수 있는 최적의 장소가 성당입니다. 잔향이 있는 공연장에서 연주하고 들을 때도 좋습니다. 대성당에서 바흐의 〈마태수난곡〉을 들어보면 홀보다는 성당에서 듣기 위해 작곡됐다는 것을 알 수 있습니다. 음악과 공간이 무척이나 잘 어울립니다.

하이든이나 베토벤의 초기 작품은 작은 공연장에 잘 어울립니다. 그런 작품을 몇천 석짜리 대규모 공연장에서 연주하면 공연장 크기에 맞추려고 곡의 원래 정체성보다 더 과장해서 연주하는 경향이 있습니다. 곡이 잘 안 맞는 옷을 입은 느낌이 들 수도 있어요.

하지만 다양한 낭만파 협주곡에는 당연히 큰 홀이 더 어울립니다. 예를 들면 차이콥스키의 〈피아노 협주곡〉, 브람스의 〈바이올린 협주곡〉, 드보르자크의 〈첼로 협주곡〉이 그렇습니다.

김 바흐의 경우에는 대부분 성당에서 연주되어야 하고요.

양 네, 성당에서 연주될 때 그 곡에 딱 어울리는 옷을 입은 느낌입니다. 빠른 음악은 홀에서는 잘 들리지만 성당에서는 뭉개지기 쉽습니다. 성당은 천장이 높고 대부분 돌로 지어져서 베이스의 잔향이 잘 들립니다. 저음 화성 기둥이 위의 멜로디를 뒷받침해주거든요.
무대 연습이 그래서 중요하고 공간의 잔향 여부, 잔향 속도에 따라서 연주자가 템포 조절을 해야 합니다. 서라운드 시스템이 몇 세기 전부터 있었다고 봐야죠. 성당에 어울리는 음악을 들으면 거룩한 느낌이 드는 것도 바로 이 때문입니다. 우리는 귀로만 듣지 않아요. 머리부터 발끝까지 음악을 체험할 수 있죠.

김 고도의 지식과 기술을 장착해야 한다는 전제가 있긴 하지만 악보만 보고도 즐거워하는 사람이 있지 않을까요? 작곡가들은 악보만 보고도 곡이 훌륭한지 아닌지 판단할 수 있잖아요. 하지만 지식과 기술이 없는 청자에게는 연주자의 역할이 절대적이겠지요.
저 같은 경우에는 수학 대중화에 관심이 많아서 일반인 대상으로 강의도 하고 교양서도 쓰고 있죠. 수학 쪽에 연주자 같은 역할을 해줄 사람이 필요하다고들 합니다.

양 김민형 선생님이 연주자 역할을 하고 계시지 않나요?

김 그것이 재미있는 포인트입니다, 수학에는 전통적으로 연주자 역할 자체가 없다는 것, 어쩌면 있을 수 없다는 것.

음악과 마찬가지로 수학에도 전문적인 내용이 당연히 많습니다. 제가 수학자로서 음악과 수학을 생각할 때 다른 점은 이것입니다. 음악은 전문적인 내용을 몰라도 즐길 수 있잖아요. 음악을 풍부하게 경험하는 방법은 많습니다. 이해하지 못했더라도 본인이 듣기에 즐거우면 그것대로 즐기면 됩니다. 하지만 수학에서는 이해가 없으면 즐기기 상당히 어렵습니다. 그 때문에 대중화를 위한 노력이 따로 필요하지요. 수학과 음악의 이런 차이는 어디서 오는 걸까요? 엉뚱한 질문이긴 한데, 양성원 선생님의 의견이 궁금합니다.

양 구조적인 차이 때문일까요?

김 구조적 복잡성은 양쪽 다에 있습니다. 수학에서는 그것을 상당 수준으로 이해하지 않으면 좋은 작품이라는 걸 알 수가 없고, 음악에서는 완전한 이해가 없어도 좋은 작품임을 인지할 수 있다는 거예요. 어떤 곡이 좋다, 아니다 느끼는 데 연주자가 굉장한 역할을 하고 있습니다. 음악의 그 잠재력이 어디에서 나오는 걸까요?

양 언어가 먼저인가, 음악이 먼저인가 하는 문제와 연결되어 있는 것 같습니다. 음악은 언어가 탄생하기 이전, 오래전부터 인류와 함께해왔어요. 그럼에도 음악을 전혀 모르고 음악에 대한 경험이 없으면 감상하는 것이 어려울 수 있습니다. 특히 클래식 음악이 그렇습니다.

김 무엇이 먼저인가 하는 문제가 다는 아니라고 생각합니다.

양 곡을 들려주는 과정에서 쓸 수 있는 도구들이 많습니다. 목소리도 있고 다양한 악기들도 있죠. 그런 도구들이 잘 활용되어서, 대중이 수학보다 음악을 더 가깝게 느끼지 않을까요?

작곡가를 이해해야만
음악을 감상할 수 있을까

김 그럼에도 불구하고 작곡자에 비해 청자의 지식은 많이 부족하잖아요. 그 다양한 도구들이 정확히 무슨 역할을 할 수 있는지, 도구의 쓰임이 어떻게 아무런 지식 없이도 음악을 감상하는 데 도움이 된다는 것인지 대답하기 어려울 것 같습니다.

양 이 도구들에도 한계는 있습니다. 첼로를 예로 들어봅시다. 나무통에 현이 네 줄 달려 있어요. 지난 며칠 동안 제가 베토벤의 곡들을 연주했습니다. 그 곡들에 베토벤의 고통과 고통을 이겨내는 과정이 담겨 있어요. 베토벤의 곡을 이해하려면 곡의 구조를 이해해야 합니다. 곡을 이해하기 위해서는 수학이 필요하고 이론적 배경도 필요하죠.

하지만 더 중요한 것은 베토벤이 무엇 때문에 곡을 쓰기 시작했으며 얼마나 큰 고통을 겪었으며 어떻게 이겨냈는지 아는 것입니다.

단순히 이론적인 이해만이 중요하다는 게 아니라는 이야기입니다. 작곡가를 인간적으로도 이해했을 때도 감상하는 데 도움이 됩니다. 연주자로서 그저 정확한 음, 정확한 리듬, 정확한 소리를 내기 위해서라면 많은 시간과 노력이 필요 없어요. 베토벤을 인간적으로 이해하기 위해서 한도 끝도 없는 연습을 하는 거예요. 그의 감정과 더 가까운 소리를 찾아가는 과정에 엄청난 시간, 엄청난 노력을 들이는 거예요. 단순히 곡을 해석할 수 있느냐, 없느냐만 가지고는 알맞은 소리를 찾을 수 없습니다. 연습 과정에서 감동을 조금씩 쌓아올리고 그것을 청중에게 전달하는 것. 도구나 기술만으로는 해결할 수 없죠. 그래서 김 선생님의 질문에 대답하긴 어렵겠습니다.

김 음악의 구성 요소가 다양하다, 테크닉이나 이론 말고도 인간적인 측면을 보아야 한다는 말씀을 하셨습니다. 청중이 전문 지식을 모르더라도 포착할 수 있는 다양한 요소가 있다는 말씀이지요?

양 네, 개개인의 경험과 느낌도 중요하지요.

개인적으로, 수퍼스타들, 말 그대로 대가가 완벽하게

연주했는데도 제가 감동을 못 느낀 경우가 있습니다. 반면에 학생들이 최선을 다해, 정말 혼을 다해 연주하는 것을 보고 눈물이 핑 돈 적도 있어요. 모든 것을 다 잊고 가슴이 뭉클해집니다. 그 연주에 학생들의 혼이 담겼다는 느낌을 강하게 받았습니다.

저 역시 전문 연주자인데도 인간이 주는 감동에 대해 충분히 설명할 수는 없어요. 전문가의 지식과 테크닉을 뛰어넘는 무엇이 있다고밖에는 말씀을 못 드리겠어요. 이것도 감상을 일으키는 한 요소가 될 수 있지 않을까 생각합니다.

김 듣는 사람에 따라서는 바흐의 음악이 굉장히 어렵다고 느낄 수도 있지 않을까요?

양 물론입니다. 연주자 입장에선 작곡가와 곡에 대해 많이 알면 알수록 도움이 됩니다. 곡에 대한 이론과 사회적·역사적 배경, 작곡가의 개인사 등을 알면 어떤 방향이 생깁니다. 그 방향을 추구하고, 그것을 추구하는 과정에서의 거듭된 연습이 있을 때, 청중이 훨씬 더 감동한다는 느낌을 받습니다.

저도 더 자세히는 설명 못하겠어요. 하지만 제가 그렇게 준비했을 때, 같은 곡이라도 청중의 침묵이 훨씬 더 길어요. 저도 잘 모르겠는데, 제가 준비한 만큼 청중도 더 잘 듣는 것 같다는 느낌을 부인할 수는 없어요.

김 양성원 선생님은 곡이나 작곡가에 대한 배경지식을 상당히 중요시하십니다. 곡 자체에 대한 구조적인 지식도요. 연주자로서, 작곡된 시기의 역사, 그리고 그 작품의 지향점 다 중요하다고 말씀하셨는데요, 미술의 예를 들어볼까요.

화가의 인생에 대해서도 해박하고 역사적 배경에 대해서도 많은 지식을 쌓으면 그 화가의 작품을 더 잘 감상할 수 있을까요? 제가 아는 화가들 중에는 그런 공부가 쓸데없다고 말씀하시는 분들도 있어요. 많이 아는 것이 오히려 작품 감상에 방해가 된다고 합니다.

양 미술사를 공부하시는 분들이라면 작품에 대해 더 많이 아는 것이 작품 감상에 도움이 된다고 말씀하지 않을까요? 그분들은 먼저 이해한 다음 말로 전달합니다. 연주자도 먼저 이해한 다음 연주로 전달합니다. 둘 다, 다시 표현하는 거죠.

김 연주자가 미술사학자와 비슷하다는 건가요?

양 네, 연주자는 화가보다는 미술사학자와 비슷한 것 같습니다. 공연할 때는 제가 작곡가의 목소리를 전해줘야 한다고 생각해요.

김 연주자는 음을 이해하는 데 도움을 주는 사람이니까 청자보다는 작품을 더 많이 알아야 한다고 주장하시는군요.

양 예를 들어 바흐를 연주할 때는 연주자의 정체성은 사라지고 오직 바흐가 나타나야 한다고 생각합니다. 베토벤을 연주할 때는 베토벤이 이 곡을 쓰던 감정을 보여주어야 하고 연주자 양성원은 없어져야 해요.

김 양 선생님의 그 의견에 동의하지 않는 연주자도 꽤 많지 않나요?

양 물론입니다. 작곡가보다 자기 자신을 더 드러내는 연주자들도 있죠. 하지만 좋은 연주자일수록 본인이 사라지는 연주를 추구합니다. 우리 각자의 목소리가 다르듯, 본인을 사라지게 한다고 해도 그 정체성이 완전히 사라지는 건 불가능합니다. 그럼에도, 본인이 사라지게끔 노력하는 과정에서 작곡가와 매우 가까워지지요. 그 과정은 매우 아름답습니다.

김 조금 전 미술사학자와 연주자의 비교로 돌아가서, 제가 말씀드린 화가들처럼, 배경지식이 작품 감상에 방해가 될 수 있다는 데는 동의하시나요?

양 너무 많이 알면 그럴 수 있습니다. 배경지식이 작품 감상에 해가 된다기보다는 배경지식이 있다고 자부하는 전문가들이 작품 감상을 망치는 꼴입니다.

작곡된 지 몇백 년이나 된 곡이다 보니, 비평가나 연주자가 좋아하는 레코딩이 있기도 합니다. 시간이 흘러 새로운 것이 밝혀지기도 해요. 연주자들이 몰랐던 역사적 배경, 작곡가의 개인사, 그리고 숨어 있던 구조, 악보 등이죠. 새로운 정보를 알고 난 다음에는 연주자들이 스타일을 수정하곤 합니다.

그런 정보를 전혀 흡수하지 않고 자신들이 가장 좋아하는 레코딩 또는 연주 방식만 고집해서는 안 됩니다. 하지만 의외로 그런 사례들이 많습니다.

엘가의 〈첼로 협주곡〉 중에는 재클린 뒤프레Jacqueline Mary Du Pré▼의 레코딩이 후대에 지배적인 영향을 미치고 있습니다. 하지만 그 연주는 엘가의 것이 아니라 재클린 뒤프레의 것입니다. 협연할 때도 재클린 뒤프레 연주를 표본으로 삼는 지휘자와 연주자를 많이 봅니다. 재클린 뒤프레의 레코딩을 연주해야 하는 게 아니라 엘가가 악보에 남긴 것을 연주해야 하는데도요. 제가 그렇게 주장해서 연주를 조금씩 수정해나가기도 합니다. 하지만 청중에게는 재클린 뒤프레의 레코딩이 훨씬 더 인상적으로 남아 있겠죠.

김 재클린 뒤프레의 연주에 대해서 어떻게 생각하십니까?

양 무척 좋아합니다. 하지만 그 레코딩은 재클린 뒤프레의 곡에

▼ 영국의 첼리스트.1945~ 1987 1965년 엘가의 〈첼로 협주곡〉을 연주해 주목받았고, 공식적인 은퇴 무대에서도 이 곡을 연주했다. 독보적인 해석으로 엘가의 〈첼로 협주곡〉에 생명력을 불어넣은 연주자로 평가된다. 음악성이 최고로 무르익었던 때 다발성 뇌척수 경화증 진단을 받고 1973년부터 연주를 중단했다.

대한 해석일 뿐입니다. 지나치게 감성적이라서, 엘가가 악보에 남긴 것과는 상당한 차이가 있습니다. 제가 그 연주를 좋아하기는 하지만 재클린 뒤프레처럼 연주할 수는 없습니다.

김 대중과 양 선생님이 재클린 뒤프레의 레코딩을 더 좋아하는데도요?

양 엘가의 악보를 저는 재클린 뒤프레처럼 이해하지는 않았으니까요. 제가 보기에 엘가의 의도는 재클린 뒤프레의 연주와는 다릅니다.

김 뒤프레처럼 하지 못한다기보다 하지 않는다는 말씀이시군요.

양 네, 제 나름대로 옳은 선택을, 옳은 연주를 하겠다는 거죠. 하지만 어디까지나 제 기준에서 그렇습니다. 아무런 지식이 없는 사람이 재클린 뒤프레의 연주를 들었을 때는 어마어마한 감동을 느낄 수밖에 없습니다. 그리고 그분들에게 그 감동은 순수합니다.

음악 외적인 요소도 분명 영향을 미칠 거예요. 뒤프레가 활동할 때는 연주자, 지휘자 할 것 없이 남성 일색이었습니다. 여성 첼로 연주자의 등장은 당시로는 센세이션이었습니다. 거기에 더해 연주 스타일이 청자의 감정을 휘몰아치게 해요. 연주 장면을 직접 본다면 그렇게 느낄 수 있습니다.

어느 사회에 속하더라도 예의 차려야 하고 말도 공손하게 해야 하는, 내 감정과 달리 행동해야 하는 그런 제약들이 있잖아요? 그런데 재클린 뒤프레는 음악으로 그 제약을 아무것도 아닌 것처럼 느끼게 해요. 넘치는 감정을 주체하지 못하는 느낌도 들고요.

제 생각에, 감동에는 세 가지 정도 층위가 있습니다. 악보를 이해하지 못하고 감동하는 것이 첫 번째 레이어, 지식을 쌓아서 감동하는 것은 두 번째 레이어라고 볼 수 있어요. 어느 것이 더 낫다, 아니다의 문제는 절대 아니고, 두 가지 모두 순수하고 중요합니다.

첫 번째, 두 번째를 지나 세 번째도 있습니다. 악보 이상의 것, 음표 뒤의 것을 추구하는 것이죠. 지적인 호기심을 가득 채운 다음에는 이 세 번째 레이어의 감동으로 들어갈 수 있는 가능성이 열리는 거죠. 깊이 들어갈수록 더 많은 파동을 느낄 수 있어요. 다시 한번 말씀드리지만, 더 나은 것, 더 좋은 것이 있다고는 하지 않았습니다.

해로운 음악이
존재하는 걸까

양　김민형 선생님에게 감동을 주는 음악은 어떤 것이었
나요?

김　청소년기로 거슬러 올라가야겠습니다. 저는 10대 초
부터 독일 가곡을 즐겨 들었습니다. 들으면서 생각도
많이 하고, 외운 곡도 참 많습니다. 제 자랑인 것 같지
만, 당시엔 엉터리라도 한 200곡 정도를 외워서 부를
수 있었어요. 그 정도로 좋아했습니다.
이제 와서 생각해보면 독일 낭만주의 음악이 다 좋기
만 한 건 아니고 해로운 측면도 있고 조금 유치한 면도
있다고 봅니다.

양　왜 그렇게 생각하시나요?

김　정확하게 설명하기 어렵지만, 시간이 지날수록 낭만주

의 문화와 인간의 어둡고 자기 중심적인 면모의 밀접한 관계가 점점 느껴지는 것 같습니다. 사람에 따라서는 독일 낭만주의 문화의 파괴적인 측면을 독일 군국주의의 발전과 연관짓기도 하지요.

가령 나치즘의 부상이 독일 문화 전통 때문이었다는 해석이 토마스 만 같은 작가의 후기 생각입니다. 토마스 만 자신도 제1차 세계대전 즈음에는 독일 국민주의에 대해서 상당히 긍정적이었고 그 안에서 음악이 하는 역할을 중요시했습니다. 감수성을 건드리는 음악이 전쟁에 기여하는 바가 크다는 글을 쓰기도 했습니다. 〈바그너와 우리 시대〉라는 바그너에게 바치는 찬가를 쓰기도 했죠. 제2차 세계대전이 일어날 때 이르러서는 생각이 많이 바뀌었고요.

구체적으로 슈베르트의 〈겨울 나그네Winterreise〉 다섯 번째 곡 '보리수Der Lindenbaum'는 여러 측면으로 바라볼 수 있지만, 인간의 어두운 향수를 지나치게 중요시하는 내용이 많습니다. 그런 성향이 20세기에 들어서는 현대 문명을 증오하는 철학으로까지 진화합니다. 독일의 제국주의, 적어도 국민주의와 깊은 연결고리가 생겨버린 것은 사실인 것 같습니다.

독일 군인들이 '보리수' 같은 곡을 좋아했다는 이야기도 있습니다. 가사를 한번 살펴볼까요.

성문 앞 우물가에 / 보리수가 서 있네
나는 그 그늘 아래서 / 달콤한 꿈을 꾸었지
보리수 나무에 / 사랑의 말을 새겨놓고
기쁠 때나 슬플 때나 / 항상 그곳을 찾았지
나는 오늘도 그곳을 떠돌아 / 지나네 깊은 밤에
다시 어둠 속에서 / 눈 감아보았네
나뭇가지가 흔들리고 / 마치 나를 부르듯
이리 내 곁으로 오라 / 이곳에서 평온을 얻으라
차가운 바람 세차게 불어 / 얼굴을 때리네
모자가 날려도 / 나는 돌아보지 않았네
그곳을 떠나 오랫동안 / 이곳저곳을 헤매도
아직도 속삭이는 소리 / 이곳에서 평온을 얻으라!

Am Brunnen vor dem Tore / Da steht ein Lindenbaum

Ich träumt' in seinem Schatten / So manchen süßen Traum

Ich schnitt in seine Rinde / So manches liebe Wort

Es zog in Freud' und Leide / Zu ihm mich immer fort

Ich mußt' auch heute wandern / Vorbei in tiefer Nacht

Da hab' ich noch im Dunkeln / Die Augen zugemacht

Und seine Zweige rauschten / Als riefen sie mir zu

Komm her zu mir Geselle / Hier find'st du deine Ruh'

Die kalten Winde bliesen / Mir grad' in's Angesicht

Der Hut flog mir vom Kopfe / Ich wendete mich nicht

Nun bin ich manche Stunde / Entfernt von jenem Ort

Und immer hör' ich's rauschen / Du fändest Ruhe dort

그러니까, 제가 어릴 때 좋아했던 음악은 상당히 비관

적이었습니다. 그래서 지금은 관심이 덜하죠.

양 토마스 만 같은 사람들이 생각하는 독일 제국과 지금
우리가 생각하는 독일 제국이 상당히 다르지 않나요?
현재 관점으로 당시를 판단하는 건 무리가 있는 것 같
습니다.

김 물론입니다. 우리가 그때의 경험을 할 수 없고 그래서
판단할 수도 없지만, 제 나름의 의견은 있습니다. 나치
즘과 독일 문화 전통이 아무 상관도 없다고 주장하는
사람들이 많죠. 존경받는 어느 독일 역사학자는 나치
즘에 대해 "마치 외계인이 나라를 점령한 느낌이었다"
라고까지 했습니다. 그런 관점도 있을 수 있습니다. 하
지만 깊은 자기 점검을 피하는 다소 무책임한 관점일
수도 있지요.

제2차 세계대전 이후 1950년대에 독일인에게 나치즘
을 어떻게 생각하는지 묻는 조사에서 "좋은 의도가
나쁜 방향으로 흘러갔다"라는 대답이 많았다고 합니
다. 당시의 평가는 지금의 평가와 달랐습니다. 역사적
인 과정을 거쳐 나치즘이 나쁜 것이라고 인식하게 된
거죠.

간단한 과정은 아니었을 겁니다. 특정 문화와 인간의
파괴적인 감수성 사이에 연관이 있다고 저는 생각해
요. 음악도 이런 관점에서 더 들여다보게 됩니다.

양 굉장히 복잡한 주제인 것 같습니다. 반유대주의와 바그너의 관계에 대한 이야기도 있고요.

김 나치가 바그너를 좋아했죠.

양 나치가 독일을 지배하기 전에, 60~70년 전에 바그너는 곡을 썼어요. 나치와 무관했습니다. 저는 바그너가 나치와 함께 언급되는 것이 굉장히 불편합니다. 나치가 바그너를 이용한 거겠죠. 위대한 작곡가는 사명감을 가지고 작곡을 했을 뿐이고, 나치가 필요에 의해 바그너를 이용한 거죠.

김 나치즘으로 이어진, 어두운 감수성이 바그너 음악 속에 있었다는 말씀을 드리고 싶었던 거예요.

양 나치가 추구했던 어떤 정치적 성향이 바그너의 음악에 담겨 있는 건 절대 아니라고 생각합니다.

김 반유대주의는 낭만주의 음악이 파괴적인 무언가로 이어진 극히 일부의 예일 뿐입니다. 19세기 낭만주의 음악에서 바그너까지 어떻게 이어져왔는지, 그게 나치즘에 어떤 영향을 미쳤는지는 따로 말씀드리지 않을게요, 복잡하기도 하고 제가 잘 모르기도 하고.

낭만주의 음악에서 가장 중요한 개념이 '향수'입니다. 순진하게 느껴질 수도 있습니다. 고향에 대한 향수, 어린 시절에 대한 향수가 독일 문학과 음악에 매우 강하게 표현되어 있는 건 사실이라고 봐요.

독일 문화에 'Seele', 우리말로 하면 '영혼'이 중요하
다는 말을 하기도 하잖아요. 깊이가 있으면서도 어둡
다는 의미거든요. 음악은 물론이고 낭만주의 문화에
전반적으로 영혼에 대한 갈망, 향수, 자기 중심주의 등
이 병적으로 표현된 면이 많다는 의견에는 저도 어느
정도는 동의합니다. 슈베르트 가곡 중에서도 〈겨울 나
그네〉의 가사에 이런 이상한 조류의 영향이 특히 많은
것 같기도 합니다.

양　빌헬름 뮐러의 시집을 한국에서도 많이 읽나요?

김　빌헬름 뮐러는 시인으로서는 알려지지 않았습니다, 우
리나라뿐 아니라 유럽에서도. 그는 슈베르트의 음악을
통해서만 살아 있는 시인이에요. 민요 식으로 쓴 시가
많아요. 뮐러의 입장에서는 평범한 사람들의 감수성을
표현한 거겠지만, 실은 상당히 애국적인 상징이 많이
들어가 있습니다. 그런 문화가 당시에는 뮐러에게뿐
아니라 전반적으로 퍼져 있었습니다.

양　뮐러의 시는 그렇게 높은 평가를 받지 않잖아요. 음악
없이 시만 놓고 보았을 때, 당시에도 애국심을 불러일
으켰는지 궁금합니다.

김　당대에도 그렇게 유명한 시인은 아니었던 모양이에요.
가곡 전문가들이 하는 말이 있어요. 뛰어난 시인의 시
는 가곡으로 만들기 어렵고, 그보다는 조금 급이 떨어

지는 시인의 시가 가곡으로 만들 수 있는 잠재력이 크
다고. 그게 맞는 말인지 틀린 말인지는 저도 잘 모릅니
다. 뮐러의 당대 위치에 대해서는 잘 모르긴 해도 뮐러
가 그 시대 문화의 분위기만큼은 냈다고 생각합니다.
18세기 말, 19세기 초 독일 문화는 정체성 창조에 특
히 관심이 많았던 것 같습니다. 문화적으로는 '민속 문
화'에 대한 관심, 독일적인 자연의 부각, 향수 등의 개
념이 문학과 음악에 많이 나타나지요. 정체성 문제가
독일 역사와 크게 상관없는 소위 '고전 문명'에 대한
희한한 향수로 표현되기도 합니다. 부단한 전쟁과 사
회 동요 속에 정치적·사회적으로 복잡한 시기였긴 하
지만 결국 독일 제국이라는 하나의 국가 건립에 이런
문화 조류가 기여한 바가 많았던 것 같습니다.
이때 음악의 역할이 어땠는가는 재미있는 질문입니다.
민족주의에 자주 나타나는 다소 유치한 성향이 낭만
주의와 관계 깊었던 것 같기는 합니다. 낭만주의 음악
은 그 자체로 가치 있기도 하지만 다른 면도 분명 있어
요. 그래서 과거에 비해 19세기 음악에 대한 저의 관
심이 줄어들기도 했고요.

양 그 낭만적 감성을 자극하는 데에는 가사가 지대한 역
할을 하는 거겠죠. 그런데 가사를 모르고 들어도 감동
이 있다고 말씀하시는 분들도 있어요. 가사를 몰라도

음색이 들리고 단어 사이 숨이 들리죠. 멜로디도 즐기고요.

김 양성원 선생님과 저의 입장이 뒤바뀌었네요.웃음 앞서는 선생님이 곡에 대해 모르고 들으면 즐길 수 없다고, 문화적 맥락도 알아야 곡을 제대로 감상할 수 있다고 하셨는데 말입니다. 지금은 곡의 구조적인 면을 가지고 변호하고 계십니다.웃음

양 모르고 들어도 음악을 즐길 수 있지만 즐기는 데 한계가 있다고 말씀드린 거고, 알고 즐기면 더 깊이 즐기고 또 감동할 수 있다는 뜻입니다. 곡의 탄생 배경, 맥락을 아는 게 감상에 도움이 될 수 있는데, 제가 말씀드린 건, 나치즘과 특정 곡의 연관성을 너무 강조하는 게 아닌가 하는 겁니다.
바그너가 먼저이고 나치즘은 나중입니다. 음악이 애국심을 자극했는지, 아니면 애국심에 불타는 국민이 음악을 이용했는지, 명확히 해야 하는 문제라고 생각해요. 저는 이것이 음악을 악용한 사례라고 봅니다.

김 악용이 잘되는 음악이 있고, 안되는 음악이 있거든요.

양 그렇겠지요, 특히 국가로 사용되는 음악들이 그런 경우겠지요.

김 바그너는 '독일 문화의 전통과 전설을 어떻게 하면 음악에 잘 녹일까'를 의식적으로 고민했습니다. 좀 우습

게 들릴 수 있는데, 바그너는 애국적인 정서를 작품에 듬뿍 담았습니다.

양 재미있는 점은, 바그너가 프란츠 리스트Franz Liszt에게 영향을 많이 받았다는 것입니다. 바그너의 작품을 평할 때 철학적인 요소가 많다고들 하잖아요. 그 요소가 리스트로부터 왔습니다. 그러니까 엄격하게 말하면, 바그너의 음악에 독일 전통이나 문화가 담겼다고 보기 어렵지 않나 싶은데요.

김 저는 전혀 몰랐습니다. 프란츠 리스트가 이념적으로 바그너에게 영향을 미쳤나요?

양 바그너는 리스트의 영향을 확실히 받았습니다. 리스트의 화성 및 구조를 많이 활용했죠. 그럼에도 바그너는 리스트보다 위대한 작품을 더 많이 남겼습니다. 리스트가 바그너에 미친 영향력에 대한 몇 가지 포인트를 말씀드릴게요.

우선, 리스트는 대담하게 크로마티즘반음계chromatism을 사용했고 화성을 탐구했고, 이것은 바그너의 음악 언어에 큰 영향을 미쳤습니다. 바그너는 전통적 음조의 경계를 넓히는 리스트의 능력을 존경했죠. 바그너는 자신의 작품에서 이 크로마티즘 관행에 어긋나는 조화를 실험했습니다.

바그너는 오페라에서 특정 인물, 물건 또는 아이디어

와 관련된 반복 주제 또는 동기인 라이트모티프Leitmotif을 자주 사용했다고 알려져 있는데, 실은 리스트의 교향시symphonic poem▼ 주제 변형도 바그너에게 영향을 끼쳤습니다. 리스트의 주제 변형에 대한 혁신적인 접근에 자극받은 바그너는 오페라에서 라이트모티프 기법을 더욱 발전시켰고, 특히 〈니벨룽의 반지Der Ring des Nibelungen〉에서 그 기법이 돋보입니다.

리스트는 오케스트레이션orchestration을 혁신했습니다. 바그너는 그의 풍부하고 다채로운 오케스트라 음색채, 새로운 악기와 기법을 통합하는 능력을 높이 평가했으며, 이에 영감을 받아 자신의 오페라에서도 표현 가능성을 확장했죠.

또한 리스트와 바그너는 음악이 극적인 표현 수단이라는 아이디어에 몰두했습니다. 리스트 교향시에서의 음악적 내용과 표현적 강도는 오페라가 음악, 드라마 및 시각적 요소가 결합되어 통합된 감정적 경험을 만들어내는 종합 예술Total Art/Gesamtkunstwerk이라는 바

▼ 리스트가 교향곡 형식을 탈피하고자 새롭게 만든 단악장 형식이다. 시, 소설, 회화의 내용을 소재로 취하는 낭만주의를 대표하는 악곡 형태로, 구성 자체를 중시하는 '절대 음악'과는 반대 개념으로 사용된다. 대표적인 교향시로는 슈트라우스의 〈차라투스트라는 이렇게 말했다〉, 드뷔시의 〈목신의 오후 전주곡〉을 들 수 있다. 각각 니체, 말라르메가 창작한 동명의 작품에서 곡명을 따왔다.

그녀의 비전에 영향을 미쳤죠.

김 음악적으로는 그렇다고, 저도 동의할 수 있습니다. 저는 이념적 측면을 여쭈었는데요.

양 리스트의 후기 작품은 상당히 철학적입니다. '바이마르 시기'라고 해서 그때 많은 곡을 썼는데, 종교적 신념과 철학적 사색을 녹인 예술적인 작품을 보여줬습니다. 특히, 앞에서 말씀드린, 리스트가 창시한 교향시 장르의 영향을 바그너가 많이 받았습니다. 물론 당시 시대 변화도 있었겠죠.

바이마르 시기에 프란츠 리스트는 프로그래매틱한 programmatic 곡을 많이 썼습니다. 아름다운 멜로디보다는 음악 외적 아이디어를 음악에 담은 거죠. 일례로, 리하르트 슈트라우스Richard Strauss도 니체의 〈차라투스트라는 이렇게 말했다Also sprach Zarathustra〉를 음악으로 풀었어요. 리스트에서 시작해 바그너, 그리고 슈트라우스까지 이어진 거죠.

보통은 종지부 화성은 우리에게 만족감을 줍니다, 답을 줍니다. 문장부호로 치면 느낌표나 마침표겠죠. '종지'는 음악의 흐름을 일시적으로 마무리하거나 잠시 쉬어가게 하는 역할을 합니다. 우리가 말을 할 때 숨을 쉬는 것과 마찬가지죠. 음악에서 숨을 쉬는 방법에는 다섯 가지가 있습니다.

우선 완전정격종지는 말 그대로 하나의 챕터를 마무
리하는 것이고, 불완전정격종지는 덜 완벽한 마무리
로, 챕터가 끝났다는 느낌까지는 아니지요.

변격종지는 완전정격종지 후에 부연하듯 덧붙일 때
쓰는데, 교회에서 자주 사용해서 '아멘 종지'라고도 부
릅니다.

그리고 반종지는 잠깐 쉬어갈 때 씁니다. 정격종지가
마침표라면 반종지는 쉼표로 이해할 수 있습니다. 숨
을 쉬었으면 문장을 완성해야겠지요?

마지막으로, 정격종지로 마무리하려다가 갑자기 다른
방향으로 가서 끝나는 느낌이 반감되어버리는 속임종
지도 있습니다. '끝날 때까지 끝난 게 아니다'라는 말
은 음악으로 실현하는 셈이죠.

그런데 철학을 녹인 음악에서는 종지부 화성이 물음
표이거나 말줄임표입니다. 리스트는 그런 화성과 어울
리는 리듬을 작곡했어요. 그래서 철학적이라고 표현합
니다. 교향시 장르에 많이 나타나죠. 심각한 영적 경험
과 종교적·철학적 탐구를 음악에 반영했다고 보시면
됩니다.

특히 바이마르 시기 리스트의 음악은 극히 내면적이
라는 특징이 있습니다. 리스트의 삶, 믿음, 사색이 음
악에 담겨 있습니다. 리스트는 대단히 화려한 삶을 살

았어요. 가톨릭교도가 되고 나서 삶이 180도 바뀌었죠. 종교에 귀의한 다음에 그런 곡을 많이 작곡했습니다. 그 시대 철학자들 프리드리히 셸링이나 아르투르 쇼펜하우어의 영향도 있었다고 봅니다.

바그너는 자기만의 음악 세계를 창조했습니다. 하지만 리스트의 영향을 크게 받았다는 것은 확실해요.

김 적어도 제가 지금 떠올릴 수 있는 한 가지는, 바그너가 음악비평가 에두아르트 한슬리크Eduard Hanslick와 갈라진 지점입니다. 음악에서 문화사적인 레퍼런스가 얼마나 중요할까요?

'절대 음악'이라는 단어를 가장 처음 사용한 사람이 바그너라고 알려져 있잖아요. 바그너는 그 단어를 비판적으로 사용했습니다. 그런데 나중에는 사람들이 긍정적인 단어로 받아들였어요.

한슬리크는 "자연에는 음악이 없다"고까지 말할 정도로 감상과 감정을 배척한 형식주의와 절대 음악을 옹호하는 입장에서 바그너를 비난했죠. 바그너는 문화사회적 레퍼런스를 중요시했고, 그런 면에서는 리스트의 영향을 받기는 했겠죠.

제가 말씀드린 것은 피상적인 영향인 것 같고, 양 선생님이 보시기엔 그보다는 더 깊은 영향을 받았다는 거지요?

양 리스트의 화성 구조를 가지고 와서, 바그너는 본인만
의 정체성을 더 발전시킨 거죠.

김 그런 영향을 받았다는 것이 바그너의 애국적인 정체
성에 대한 관심과 모순되는 것 같지는 않아요.

양 프란츠 리스트는 헝가리 사람입니다. 파리에서 활동하
면서도 헝가리인의 정체성을 탐색했습니다. 나중에는
종교인이 되었죠. 그래서 음악에도 종교적 요소가 많
습니다.
헝가리인 정체성이 독일인 정체성과는 이어지기 어려
워요. 다만 말씀하신 대로, 리스트의 화성을 이용해서
바그너가 애국심을 자극하는 음악을 만들었다고 볼
수는 있겠습니다.

김 바그너 음악 그 자체가 애국심을 고취한다고 보기는
어렵고 다른 많은 요소들이 있다는 말씀이시요? 그렇
다고는 해도 낭만주의 조류 속에 어두운 면이 있다는
점에 대해서는 더 변호할 준비가 되어 있습니다.웃음
제가 독일 이야기를 많이 하긴 했지만 낭만주의 문화
자체가 독일만의 것은 아닙니다. '음악은 지적으로든
감성적으로든 감동을 줄 수 있다, 하지만 그 감동이 좋
은 감동이 아닐 수도 있다'는 것을 말씀드리고 싶었습
니다.

양 좋고 나쁘고를 떠나, 감동이라는 것은 상당히 복잡한

무언가입니다.

김 복잡하죠. 어떤 작품을 보고 듣고 읽고 나서 감동받았다고 하면 보통은 그 '감동'을 긍정적인 의미로 쓰잖아요. 나쁜 감동도 있을 수 있다고 생각해요.

주관적인 감동과 객관적인 감동을
구분할 수 있을까

김 양성원 선생님과 제가 다른 의견을 가지고 있습니다. 선생님은 감정을 매우 중요하게 생각하고, 저는 그렇지 않죠. 물론 음악에 관해서라면 저는 아마추어이고 선생님은 전문가이니까 비교할 순 없겠지만요.

연주를 문제라고 보면, 선생님은 그 문제에 대한 정해진 풀이가 있다고 믿으시는 것 같아요. 단순하게 '문제를 푼다'고 생각하시진 않겠지만, 선생님 입상에서는 연주해야 하는 곡이 풀어야 할 문제인 거죠?

양 절대적으로, 그렇게 생각합니다. 답을 찾아가는 과정에서 음표들을 훨씬 더 깊게 이해할 수 있다고 봅니다.

김 그렇다면, '문제를 얼마나 훌륭하게 잘 풀었는가' 하는 것은 감정적인 경험이 아니지 않을까요? 청자 입장에서도 어떤 곡, 그러니까 작곡가가 낸 문제를 풀이하고 싶거든요. 주로 구조적인 문제들이겠지요. 감정적 경험 없이도 문제 풀이를 잘해낸다면 그 곡이 훌륭하게 느껴집니다. 그러면 감정 없는 감동이 있습니다.

양 김 선생님은 음악 듣는 거 좋아하시잖아요. 듣는 것을 즐기는데 아무런 감정이 없을 수 있나요?웃음

김 저에게도 참 어려운 문제입니다. 개인적인 경험을 말씀드리면 청소년기엔 굉장히 감정적으로 음악을 들었습니다. 그런데 나이가 들면서 감정은 점점 없어지더군요. 그렇다고 해서 감동까지 없어졌다는 건 아니에요.

양 김 선생님이 감상평을 하시는 걸 들었습니다. '이 가곡은 매우 아름다운 목소리로 잘 표현되었다,' 제가 연주한 바흐 곡에 대해서는 '템포가 빠르고 살아 있고 거칠다' 등등. 심지어 '그동안 들었던 연주들과는 색다르고, 몰랐던 부분이 들리더라'까지. 그 말씀을 들었을 때 제가 몹시 뿌듯했거든요. 여러 연주 버전을 알고 계시는 분이 하시는 말씀이니까 연주자에게 굉장히 큰 칭찬입니다.

'눈물이 핑 돌아야지만 감동이다,' 제가 그렇게 말씀드리는 것은 아닙니다. 앞서도 말씀드렸지만, 아주 좋은 소리, 알맞은 음과 리듬, 그리고 연주자의 퍼포먼스에

대한 감동이 있을 수 있습니다. 또한 개인적인 기억과 결부될 때 마음 한구석에서 피어오르는 감동도 있고요. 감동의 범위가 매우 넓습니다. 열다섯 살짜리 연주자가 바흐와 베토벤을 너무나 잘 표현할 때도 전문가 입장에서 감동을 받습니다.

김 청자로 하여금 어떤 '감정'을 일으키게 하는 '객관적' 활동이 있다고 믿는 사람들이 있습니다. 예를 들어 모차르트는 '이렇게 작곡하면 이 지점에서 사람들이 이런 감정을 느낄 것이다' 하는, 지금으로 치면 알고리즘이 있다고 보았어요. 어떤 감정을 불러일으키는 공식 같은 것이 있다는 뜻이겠죠. 언뜻 생각하기엔 감정을 조정하는 공식이 없을 것 같지만요. 그리고 '감정이란 무엇인가' '감동에 감정이 포함되는가' '감동을 받았다면 주관적인가, 객관적인가' 하는 주제들이 저에겐 무척 흥미롭습니다.

G현

우리가 좋은 음악이라고 부르는 것

우리가 좋은 음악이라고 부르는 것

"음악이 우리에게 좋은 영향을 미친다는 건
당연한 주장은 아닙니다. 좋은 책을 많이 읽었다고 해서
더 좋은 사람이 되는 것도 아니고,
좋은 글을 많이 썼다고 해서 더 좋은 사람이 되는 것도
아니라고 생각하는 분들이 있습니다."

김민형

"연주자로서는 곡을 연습하면서 인내심을
기를 수 있습니다. 기본은 좋은 음악입니다.
좋은 음악에는 사람을 행복하게 만들 수 있는 요소가
분명 있습니다. 하지만 어마어마한 노력이 뒷받침되기
전에는 행복해질 수 없습니다."

양성원

음악은 우리를
도덕적으로 변화시키는가

김 작품의 내적·외적 요소를 많이 알수록 감동의 질이 높아지고 감동의 폭이 넓어진다는 취지의 말씀을 계속 하셨습니다. 연주자 입장에서 당연히 연주자, 그리고 작곡가에게 훨씬 더 많이 집중하시는 것 같습니다.

양 저와 매우 가까운 분이 말씀하시기를, 자신이 존경하지 않는 아티스트의 음악에는 감동하지 않는다고 하더군요. 그 곡에 앞서 아티스트에 대해 판단하는 거죠.

김 그러면 들을 수 있는 곡들이 상당히 줄어들 텐데요. 웃음

양 맞습니다. 반대로 저는 사회적으로 좋은 평을 받지 못하는 아티스트의 곡이라도 곡 자체가 훌륭하면 감동받습니다. 바그너의 음악을 듣지, 바그너의 반유대주의 관점을 듣지는 않아요.

김 그렇다면 음악적 구조의 중요성에 동의하시는 것 아닌가요?

양 감동을 느끼는 포인트가 개인마다 다르다는 건 인정하고 넘어가야겠습니다. 감동을 정의하는 방식도 각자 다 다르고요. 감정을 배제한 감동이 있을 수 있다고 하셨지만, 독일 가곡을 듣고 외우던 10대의 그 감정이 김 선생님에게 큰 영향을 미치지 않았을까요?

김 당연히 그랬을 겁니다. 제 자신을 형성하는 일부였을 겁니다. 영향 중에는 제가 말씀드린 '파괴적인' 영향도 있을 거고요. 저는 솔직히 좋은 사람과 나쁜 사람의 구분을 심각하게는 믿지 않습니다. 좋은 현상과 나쁜 현상, 좋은 영향과 나쁜 영향이 있는 것 같습니다.

양 정말 그럴까요? 단순한 기준으로 쉽게 재단해서는 안 되겠지만, 올바른 도덕성을 가진 사람은 분명 있습니다. 그리고 올바른 행동을 하는 사람도 있고요. 옳지 않은 사고를 하는 아티스트가 무대에서 근사하게 노래 부른다고 해서 문제 삼지는 않더라도 말입니다.

김 좋은 사람과 나쁜 사람을 정말 구분할 수 있는지는 모르겠지만, 많은 사람들이 양 선생님처럼 옳은 무언가가 있다고 믿고 그것을 지향하는 것은 사실입니다.

그렇다면 이런 질문은 가능할까요? 음악이 사람들을 올바르게 살게 하는 데 도움을 줄 수 있을까요?

양 도움을 준다고 생각합니다.

김 어째서 그렇게 생각하나요?

양 연주자로서는 곡을 연습하면서 인내심을 기를 수 있습니다. 연주자의 연습이 종교인의 수양이나 운동선수의 훈련과 비슷하지 않을까도 생각해봤습니다. 궁극적인 아름다움, 하나의 이상을 추구하고, 스스로를 갈고닦고 하는 것이요. 바흐나 베토벤도 어떤 이상을 향해 나아가려고 했습니다. 음악을 배우는 것만이 특별히 더 도움이 된다기보다는 배우는 것 자체가 도움이 될 거라는 생각입니다.

김 종교가 인간에게 좋은 영향을 미치기보다는 나쁜 영향을 미친다고 말하는 사람도 있습니다.웃음

양 신의 이름을 빌려서 나쁜 행동을 한 거지 종교 자체가 악이라고는 할 수 없어요.

김 제가 말씀드리고 싶은 건, 음악을 종교와 비교함으로써 음악이 우리에게 좋은 영향을 미친다는 건 양성원 선생님 생각만큼 당연한 주장은 아니라는 거예요. 도덕적인 측면에서 옳고 그름을 따질 수도 있지요. 하지만 양 선생님은 음악 활동이 한 인간의 성장에 도움을 준다고 말씀하셨어요. 그것이 꼭 도덕적 성장일까요? 그건 따져봐야 할 문제라고 생각합니다만.

양 '음악 활동을 함으로써 인간적으로 성장하는가.' 네, 저

는 그렇게 생각합니다. 거기엔 도덕적 성장이 포함되어 있습니다. 글을 쓰는 과정, 그림을 그리는 과정에서도 배울 게 많습니다. 음악 활동으로만 한정해서 말씀드리면, 작곡이나 연주, 둘 다가 아니더라도 감상만으로도 도움이 됩니다.

감상에서 중요한 것은 감상하는 작품이 좋은 작품이냐, 아니냐 하는 것입니다. 사람들에게 부정적인 자극을 주는 작품도 꽤 많다고 생각합니다.

제가 미술 쪽은 잘 모르지만, 데미언 허스트의 작품을 좋은 작품이라고 하는 건 이해가 잘 안됩니다. 가령 죽은 소의 머리에 파리 떼가 날아드는 걸 좋은 작품이라고 할 수 있을까요?

김 그러니까, '좋은' 음악이 '좋은' 영향을 미칠 수 있다고 주장하시는 거죠?

양 그렇죠. 플라톤이 사람을 흥분시키는 음악은 사회에도 도움이 안 된다고 말한 것으로 알고 있습니다.

김 플라톤은 음악을 단속해야 한다고 했습니다.

양 어느 정도는 플라톤의 말에 동의합니다. 인간의 나쁜 본성을 자극하는 음악이 있고 좋은 본성이 발현되게끔 하는 음악이 있다고 생각합니다.

김 플라톤은, 현재 사람들이 훌륭하다고 평가하는 그리스 비극들이 나쁘다고도 했습니다. 예술작품에서 좋은 것과 나쁜 것을 판단하는 것이 쉬운 문제는 아닌 것 같습니다. 앞서, 작곡가가 나쁜 사람이었다고 해서 그 사람이 만든 음악이 우리에게 주는 감동이 줄어들 수는 없다고 말씀하셨잖아요.

양 저는 바그너의 음악이 악용됐다고 말씀드렸어요. 나쁜 사람이 좋은 음악을 만들었다고는 말하지 않았습니다.웃음

김 바그너 전기를 보면 그가 여러 면에서 인격적으로 부족한 사람으로 보이지 않나요?웃음

양 그런 내용이 있기는 합니다.

양 아름다운 멜로디가 감동을 줄 수도 있지만 그렇다고 해서 그 곡이 위대하다고는 말하기 어렵습니다. 시대를 앞서가는 곡이라야 다음 세대에게 영감을 줄 수 있어요. 곡 자체가 줄 수 있는 감동이라면, 결국 구조 때문이 아닐까 생각합니다. 그런데 또 한 가지, '이론적으로 완벽한 구조가 도대체 어떻게 사람들을 감동시키느냐' 하는 건 정말 어려운 문제입니다. 베토벤의 〈운명 교향곡〉 4악장의 마지막 코드에 어떻게 반응할까요?

김 베토벤의 〈9번 교향곡〉합창 교향곡의 가장 유명한 구절
이 있잖아요. 평화와 우정에 관한 구절인데, 어떤 사람
들은 '우정은 무슨 우정이냐, 이건 행진할 때 듣는 음
악이야'라고 말하기도 하거든요. 우리를 슬프게 하는
음악, 기쁘게 하는 음악으로 분류하는 건, 이 음악이
성스러운 음악인가, 아닌가로 분류하는 문제에 비해서
는 간단한 것 같습니다. 감정적인 경험과 감동적인 경
험의 차이일지도 모르겠습니다.

음악을 듣는 동안만은 아무 생각이 나지 않고 해석할 필
요도 없고 그저 듣는다는 분들도 있습니다. 제가 보기에
절대 음악의 개념과 상당히 가깝습니다. 이 음악은 이렇
게 해석해야 한다는 생각 없이 '그 자체로 그저 듣는다.'
그런 면에서는 감정 없이 충분히 즐길 수도 있다고 생각
합니다.

〈고대 아폴론의 토르소Archäischer Torso Apollos〉라는 릴
케의 시가 있습니다. 머리도 없고 다리도 없는 아폴로
의 조각을 보면서 지은 시인데요.

익어가는 과일 같은 눈을 가진
그 전설적인 머리를 우리는 보지 못했다
그러나 그의 몸통은 여전히 광채로 가득해
램프처럼 시선은 이제 낮은 곳을 향해

힘껏 빛을 발하고 있다 그러지 않으면
그의 굽은 가슴이 너를 눈부시게 할 수 없으며
뒤틀린 허리로부터 나온 미소가
출산의 불꽃이 타오르는 어두운 중심으로 향할 수 없으리라

그러지 않으면 이 돌덩어리는
두 어깨의 투명한 폭포 아래 훼손된 채 있었으리라
야생 짐승의 털처럼 반짝일 수 없었으리라

또한 별처럼 모든 모서리를 따라 빛을 내지도 못했으리라
너를 보지 못하는 곳이 한 군데도 없으니까
너는 너의 삶을 바꾸어야 한다

Wir kannten nicht sein unerhörtes Haupt,

darin die Augenäpfel reiften. Aber

sein Torso glüht noch wie ein Kandelaber,

in dem sein Schauen, nur zurückgeschraubt,

sich hält und glänzt. Sonst könnte nicht der Bug

der Brust dich blenden, und im leisen Drehen

der Lenden könnte nicht ein Lächeln gehen

zu jener Mitte, die die Zeugung trug.

Sonst stünde dieser Stein entstellt und kurz

unter der Schultern durchsichtigem Sturz

und flimmerte nicht so wie Raubtierfelle;

und bräche nicht aus allen seinen Rändern

aus wie ein Stern: denn da ist keine Stelle,

die dich nicht sieht. Du mußt dein Leben ändern.

이 시에 매우 흥미로운 문구가 나옵니다. 조각을 감상하다가 'Du mußt dein Leben ändern', 우리 식으로 표현하면 '잘 살아야지'라고 마무리해요. 예술의 승화를 이런 식으로 표현했을 수도 있습니다. 그런데 저는 이런 믿음은 약합니다.

양성원 선생님과는 달리, 음악 활동이 사람을 더 좋게 만드는 것과 하등 관계없다고 말하는 연주자도 있습니다. 음악으로 자신의 커리어를 쌓아나가는 게 절대로 쉬운 일은 아니잖아요. 커리어와는 별개로 '성공'하기도 힘들고요.

연주자로서 탄탄대로를 걷고 있다가 중간에 일이 잘 풀리지 않아서 음악을 그만두는 경우를 생각해볼까요? 언제 그만두건 간에 음악을 다른 사람들보다 많이 접하고 많이 공부하고 많이 수련했을 테니 그분 인성이라든가 인생이 음악으로써 좀 더 나아졌지 물어볼 수 있겠죠. 전혀 아니라고 대답하는 분들도 있습니다.

양 네, 저하고는 의견이 다르군요. 음악이 삶에 미치는 영향, '긍정적인' 영향이 있다고 저는 생각합니다. 연주자로서, 매일 아침 눈을 뜨면 새로운 도전 과제를 마주합니다. '이 도전을 받아들일 것이냐, 말 것이냐.'

도전을 이겨내지 못한 자괴감 때문에 음악이 삶에 긍정적인 영향을 미쳤다는 걸 받아들일 수 없을 수도 있습니다. 하지만 본인이 중도포기했다는 사실 때문에 음악이 도움이 안 됐다고 말해서는 안 됩니다.

박세리처럼 골프를 잘 치겠다는 목표로 골프를 시작했는데 자기 수준이 그에 미치지 못하면 불행하다고 느낄 수도 있지 않겠어요? 누군가는 정경화를 바라보면서 바이올린을 배우기 시작했고, 누군가는 정명훈이 되고 싶어했어요. 하지만 그 정도 레벨에까지 이르지 못한 사람이 대부분입니다. 자기 목표가 불행의 씨앗이 된 셈이죠. 목표하는 이미지에 대한 집착을 버리지 못하면 계속 불행할 거예요.

저는 바흐와 베토벤의 곡들을 연주하면서 살 수 있다는 것을 제 인생의 큰 축복으로 여기고 있습니다. 그들도 특정한 목표만을 보지 말고 매일을 살아가는 데 음악이 순간순간 얼마나 좋은 영향을 미쳤는지 발견해야 합니다.

김 저는 동의할 수가 없습니다. 우선, 이룰 수 없는 목표를 상정하고 달리다가 중도포기했다는 점 때문에 음악이 도움이 안 됐다고 하는 것은 커리어 측면으로 좁혀 이야기하는 거라서 제가 말씀드린 요지와는 조금 달라요.

참고로, 음악을 그만둔 직후나 그만둔 지 얼마 되지 않았을 때는 불행하다고 느낄 수도 있습니다. 그때 자기 인생을 돌이켜보면 음악이 큰 도움이 안 됐겠죠. 하지만 수 년, 수십 년 후에 음악이 인생에 어떤 변화를 가져왔는지 다시 물어보면 답이 바뀔 수 있습니다.

그다음, 인생을 행복하다, 불행하다 단 두 가지 상태로만 단정할 수는 없고 '음악이 누군가를 행복하게 만들 수 있는 요소를 얼마나 가지고 있느냐'라고 표현해야지만 저는 이해할 수 있을 것 같습니다. 양성원 선생님의 '좋은 음악이 좋은 영향을 준다'는 말씀을 제 나름대로 정리해볼게요. '좋은 음악은 좋은 영향을 줄 수 있는 잠재력을 가지고 있다.'

양 맞습니다. 기본은 좋은 음악입니다. 좋은 음악에는 사람을 행복하게 만들 수 있는 요소가 분명 있습니다. 하지만 어마어마한 노력이 뒷받침되기 전에는 행복해질 수 없습니다.

김 음악이 살아가는 데 '도움이 된다'와 '도덕적으로 도움이 된다'는 확실히 다른 이야기입니다. '성숙하다'가 '도덕적이다'와 같은 말도 아니고요.

제가 들었던 말 중에 이런 것도 있었습니다. 음악을 듣고서, 릴케의 시처럼 '잘 살아야지' '열심히 살아야지' 다짐하게 되더라도 그게 꼭 도덕적인 방향은 아니라고 하는 분들도 있습니다. 잘못된 방향성을 가지면, 잘하려다가, 열심히 하려다가 오히려 나쁜 일이 벌어지기도 합니다.

철학자 버트런드 러셀이 〈게으름에 대한 찬양〉이라는 에세이에서 말하기를, 부지런한 사람들 때문에 많은 악이 생겨난다고 했습니다. 좋은 책을 많이 읽었다고 해서 더 좋은 사람이 되는 것도 아니고, 좋은 글을 많이 썼다고 해서 더 좋은 사람이 되는 것도 아니라고 생각하는 분들이 있습니다.

양 음악이 삶에 미치는 영향 외에도 삶이 음악에 미치는 영향에 대해서도 이야기해보고 싶습니다.

연주자로서의 경험에서 말씀드리면, 오로지 음악만 파는 사람, 연습벌레로 좋은 성적을 받아 좋은 학교에 들어간 사람이라도 표현력 면에서는 조금 떨어지는 사람이 있습니다. 반면에 음악 외에 다양한 분야에서 직접적·간접적 경험을 쌓은 사람, 여행도 많이 하고 사람들과 교류가 많은 사람이 표현력이 좋기도 해요. 정확하게는, 연주할 때 '이렇게 표현해보자' 설명하면 금방 알아듣죠. 좋은 삶이 좋은 음악가가 되는 데 영향을 미친다고 생각하시나요?

김 저는 양성원 선생님 의견이 더 궁금합니다.

양 저는 균형이 맞아야 한다고 생각합니다. 연습을 안 할 수는 없죠, 특히 요즘처럼 연주 수준이 상향 평준화된 시대에는요. 어느 수준에 이르려면 연습에도 절대적인 시간이 필요할 거예요.

보통은 6~8년간은 연습에만 온통 몰입합니다. 아이에서 청소년, 청소년에서 성인으로 몸이 자라는 시간이 있잖아요, 6~8년은 이 시기를 말합니다. 그 시기에 연습에 몰입하는 것이 중요한 이유는 연주하는 악기에 맞는 근육이 생성되기 때문입니다. 그만큼 연주가 자연스럽게 몸에 밸 수 있습니다. 그러니 매우 중요한 시기지요. 연주자로서 관객에게 감동을 줄 수 있는, 최소한의 기간이 그 정도는 됩니다. 하지만 그것만으로는 뭔가 부족한 느낌입니다. 성인이 되어서는 4~5시간 연습을 유지하면 좋습니다.

얼마나 다양한 삶을 살아야 하는지는 모르겠습니다. 그런 삶이 음악가들의 음악을 더 풍부하게 해준다는 근거는 없어요. 하지만 저는 그렇게 믿고 싶습니다. 베토벤을 연주할 때 베토벤의 삶을 생각하듯이요.

여러 번 말씀드렸지만, 베토벤의 삶을 통해 그를 존경하는 마음을 갖게 되면 그의 곡들을 더 잘 해석할 수 있다고 생각하거든요. 다른 작곡가들에 대해서도 마찬가지입니다. 몸과 마음을 다해 작곡가를 이해하고서 연주하는 것은 중요합니다.

그래서 학생들에게 책을 권하지만, 연습도 소홀히 할 수가 없잖아요?웃음 두 가지가 균형을 맞추게끔 제가 적절하게 가이드하는 것은 저에게도 숙제입니다. 항상 반복해서 말하는 것은, 멀리 보고 책을 넓게 읽으라는 것입니다.

김 이쪽으로도 저쪽으로도 저는 의견을 못 드리겠습니다. 인생 경험이 별로 없어도 공부를 많이 해서 잘하는 사람이 있는가 하면, 공부를 너무 많이 해서 그런지 다른 일은 못하는 사람도 있거든요.

우리나라 교육자들과 이야기하다 보면 자아비판을 그렇게 많이 합니다. 소위 '선진국'에서는 이렇게 하고 있는데 왜 우리는 못 하고 안 하고 있느냐고요. 제가 보기엔 다른 나라에서도 교육 관련 문제들을 특별히 잘 해결한 사례가 없는 것 같은데 말입니다. 교육자들은 늘 비슷한 고민을 안고 있는 것 같습니다. '어떻게 해야 더 좋은 수학을 할 수 있느냐' 하는 건 대답하기 너무 어려운 질문입니다.

양 런던 로열아카데미오브뮤직Royal Academy of Music에서 가르치다 보면 화학이나 물리학, 또는 철학이나 경영학을 공부하다가 방향을 틀어서 음악을 공부하는 학생들을 매해 봅니다. 음악을 못 잊겠다더군요.

그런데 그 친구들이 세계 유수의 대학교에서 공부했던 친구들이에요. 자기 전공을 살리면 삶의 기반을 닦을 수 있을 텐데 그걸 포기하고 다시 음악을 하겠다는 거예요. '왜 그런 바보 같은 선택을 했니'라고 속으로는 물어보고 입 밖으로는 내뱉지 않았습니다.웃음

김 자신이 성공을 어떻게 정의하는지가 더 중요할 것 같습니다. 전공을 바꿔 음악에 투신하면 스스로 만족스러운 삶은 살 수 있겠죠. 하지만 세속적인 기준에서 보면 그들이 성공적인 음악가가 될 확률은 거의 없죠.

양 다른 공부를 하다가 수학 쪽으로 방향을 트는 사람들도 있지요?

김 꽤 많죠. 그들에게 조언해주기가 어렵습니다. 양 선생님의 질문을 제가 다시 정리해보면, '음악을 이해하는 데 혹은 즐기는 데 혹은 연주하는 데 필요한 배경이 무엇이냐' 하는 것이죠?

양 그렇습니다. 감동받으려면 감동받을 수 있을 만큼의 경험이 충족되어 있어야 한다는 거죠. 음악적인 경험이 아니라 책을 통해서든 다른 예술을 통해서든요.

김 감동이 원초적인 반응이 아니라고 전제하시는 거죠?

양 가령, 파블로 카잘스, 야사 하이페츠, 캐슬린 페리어를 학생들에게 들려주면 제가 기대했던 반응이 안 나옵니다. 1930~40년대에 녹음된 음악들이지만 제가 받

는 감동은 어마어마하거든요. 학생들에게는 그저 소음처럼 들리는 것 같아요. 그 곡들이 왜 좋은지 모르겠다는 학생, 더러는 좋은지 안 좋은지조차 모르겠다는 학생도 있어요.

꼭 그 곡들이 아니더라도 음악이 마음을 움직이게 하고 눈물이 핑 돌게 한다는 걸 어떻게 가르쳐야 할지 모르겠어요. 그래서 악기 연습 말고도 더 많은 경험을 해야 한다고 조언하면, 학생들은 차라리 그 시간에 악기 연습을 더 하겠다고들 하고요.

하지만 저는 이 주제에 대한 입장은 확고한 편입니다. 어떤 삶을 사느냐에 따라 음악을 통한 감동의 질이 달라집니다. 더 큰 감동을 받기 위해서는 그만큼 준비가 되어 있어야 합니다.

〈젊은 베르테르의 슬픔〉을 읽고 자기 목숨을 끊을 만큼 충격을 받곤 하던 시대가 있었잖아요. 저는 음악도 그만큼의 파동을 줄 수 있다고 생각해요. 경험이 풍부해야만 좋은 음악이 들리고 좋은 음악을 표현할 수 있습니다.

김 아마추어로서 말씀드리면, 제가 만나본 대단한 음악가들에게서 그런 것을 발견하지 못한 경우도 꽤 많았습니다. 당연히 음악적 조예가 대단히 깊은 분들일 텐데 문화적 소양이 특히 뛰어나지 않은 분들이 유럽에 꽤

많은 것 같거든요.웃음

양 그렇죠.

김 그러니까 좋은 음악을 표현하는 데 꼭 좋은 삶이 필요한 건 아니잖아요.

양 문화권에 따라 음악이 달라지는 건요? 그건 분명히 경험이 음악에 영향을 미친 거 아닐까요? 유럽 내에서도 독일, 프랑스, 이탈리아 음악이 다르고 동양만 해도 일본, 한국이 다릅니다.

김 수학에서도 그런 차이는 있습니다. 특히 지역 문화 특성에 따라 수학도 많이 달라집니다. 그렇지만 '이러한 삶, 이러이러한 문화가 수학 혹은 음악을 이해하고 표현하는 데 필요하다'는 주장에 대해서는 조심스럽습니다.

김 독일 가곡 이야기로 돌아가보겠습니다. 슈베르트의
〈겨울 나그네〉 '보리수'는 곡 자체만 보면 평화를 찾는
이야기입니다. 어릴 때 자기가 살던 마을의 성문 앞에
보리수가 있었고, 나중에는 보리수의 부름을 받습니
다. 제가 흥미롭게 느낀 지점은 그런 향수와 평화에 대
한 갈망이 전쟁으로도 연결되는 것 같다는 거예요.

양 그런 낭만주의 문화가 우리나라에도 영향을 많이 미
쳤죠. 우리가 생각한 이상적인 사회, 민주적인 사회,
순수한 사회에 대한 갈망 같은 것 아닐까요.

김 낭만주의에는 민주적인 갈망보다는 비민주적인 갈망
이 있다고 보는 게 맞는 말 같습니다.

양 그렇겠네요. 현실에서는 이루기 힘든 무언가를 갈망하

고 추구하다 보면 파괴적인 성향이 나타나는 거겠죠. 그래서 낭만주의에 파괴적인 요소가 있다고 말씀하신 거겠고. 그래도 이상향 그 자체로, 많은 작가의 작품에 남아 있을 거라고 생각합니다.

김 낭만주의의 비현실성이 파괴적 효과를 불러올 수 있다는 사실에는 동의하시는 건가요?

양 낭만주의 음악이라고 다 같은 건 아니라고 생각합니다. 단순히 이상을 추구했다고 해서 다 파괴적인 효과를 걱정해야 하는 것도 아니고요. 베토벤, 바흐, 바그너, 슈베르트 각각이 다 이상을 추구했습니다만, 그 종류가 다릅니다.

바흐 음악을 들으면 존경심부터 생깁니다. 음악이 종교적이라서 그런 마음이 생기는 것도 아니고, 그의 음악을 종교적이라고도 할 수 없습니다. '어떻게 저렇게 대단한 음악이 나왔을까' 하는 그런 존경심이죠.

김 바흐의 음악을 전쟁에 사용할 가능성은 별로 없지 않나요? 악용할 수 있는 작품들이 거의 없죠.

양 단순히 악용만 놓고 봤을 때는 어떤 음악이든 그렇게 될 수 있습니다. 아우슈비츠에서 음악을 장려했습니다. 몇 주 후, 몇 달 후에 분명히 가스실로 갈 사람들에게 음악을 즐기게 했습니다.

그런 사례만 보면 음악이 사회에 도움이 됐다고는 할

수 없죠. 음악을 듣고서 사람을 죽일 게 아니라 살렸어야 도움이 된다고 말할 수 있습니다.

김 지난 대화 이후에 뮐러에 대해 더 찾아봤더니 그가 그다지 낭만적이지 않았다는 내용의 논문이 있더라고요. 그것을 보고 나서 다시 생각해보니까, 일리는 있다 싶었습니다. 비슷한 시기의 다른 낭만주의자들에 비해서는 뮐러에게 리얼리스틱한 면이 있습니다.

이런 주장을 하는 사람들은 〈겨울 나그네〉에 꿋꿋한 현실성이 많다는 점을 근거로 제시해요. 대표적으로 열아홉 번째 노래 '환영Täuschung'의 가사를 살펴보면 나그네는 유혹당하는 어떤 환각을 경험합니다. 빛을 따라가면 행복할 것이라고 계속 유혹당하지만 결국은 그 빛을 거부해요. 다섯 번째 노래 '보리수'에서도 마찬가지예요. 보리수가 나그네더러 자신에게 와서 쉬라고 유혹하지만 실상은 나그네가 거부하는 내용이거든요. 직접적인 가사는 없지만 보리수에게 가지 않겠다는 암시가 맨 마지막에 나와요.

그러니까, 실은 나그네가 향수에 빠져들지 않았다는 암시가 노래 속에 이미 있으니, 낭만적이라고만 할 수는 없다는 주장이죠.

양 시로 읽을 때와 음악으로 들을 때의 차이도 있을 거라 생각합니다. 음악은 주관성이 강해서 듣는 이로 하여금 더 많은 상상을 하게 하잖아요. 빌헬름 뮐러의 시가 처음에 있고, 그다음 이 시를 해석해서 작곡하는 슈베르트가 있고, 또 그다음 연주자의 해석이 들어가죠.

김 그 관계가 상당히 재미있습니다. 제가 슈베르트 인생에 대해 많이 찾아보았습니다. 순진한 사람으로 묘사되기도 해요. 친구가 많았고, 성격도 좋았고. 그런가 하면 비관적인 면도 분명히 있습니다. 〈겨울 나그네〉의 마지막 노래 '거리의 악사Der Leiermann'에는 아무것도 남지 않은, 리얼리티에 대한 강조가 많이 나타납니다.

양 하지만 제가 생각하기에 슈베르트는 굉장히 외로운 사람이었습니다. 슈베르트는 본인을 이해해주는 사람이 없다고 생각했어요. 본인은 작곡하기 위해 태어났는데 그걸 알아주는 사람이 없었죠. 그 짧은 인생에 무려 1,500곡을 썼습니다. 그중에 출판된 곡은 몇 곡 없습니다.

슈베르트의 음악을 들으면서 외로움이 너무나 아름답게 반영되어 있다고 느꼈습니다. 그의 외로움이 그의 음악에 고스란히 녹아 있는 거죠. 첼리스트로서는 슈베르트의 〈피아노 트리오〉 2번 2악장이 특히 그랬습니다.

'거리의 악사'가 얼마나 '낭만적'이라고 생각하시나요?

김 저도 더 생각해봐야 할 것 같습니다. 양쪽 해석이 가능할 것 같기도 하고요. 〈겨울 나그네〉의 마지막 노래는, 조금 거창하게 표현하자면 실존주의적 절망이 들어 있기도 합니다. 그래서 낭만적이라고 해야 할지 어떨지는 잘 모르겠습니다. 아무것도 남지 않았는데도 무언가를 계속해야 하는 상황을 끝이라고도 볼 수 없잖아요.

양 그렇죠, 끝이 아니면서도 끝이 되는, 계속 이어지는데도 끝인 것 같은 힌트가 나오니까요. 그런 데서 저희가 매력을 느끼고 감동받는 것 같습니다.

김 이런 해석도 가능할까요? '할 말은 이미 다 했어, 그래서 더는 할 말은 없어.' 하지만 주인공의 절망적인 인생은 계속됩니다. 이야기하는 사람이나 연주하는 사람이나 할 말이 다 떨어졌지만 실제로는 계속 살아가야 하잖아요. 제가 보기엔 니힐리즘의 절망도 있습니다. 다른 한편으로는 이런 절망 자체가 낭만주의의 증상이기도 합니다. 세상은 굉장히 좋지도 굉장히 나쁘지도 않는데 낭만적인 극단의 감수성으로 바라보다가 절망하는 것이니까요.

김 제가 낭만주의가 보수적이라고 표현했던 것은 그 단어 때문이기도 합니다. 이런 '심각한' 음악을 사람들은 클래식 음악▼이라고 불러요. 그다지 좋은 표현은 아니라고 생각합니다.

구체적으로는 특정 기간의 음악을 지칭하는 거잖아요. 20세기 음악이 클래식 음악이냐 아니냐, 여러 의견이 나올 수도 있는 문제고요. 20세기 음악도 심각한 음악과 대중 음악으로 나눌 수 있습니다, 20세기의 심각한 음악을 클래식 음악으로 부르든 부르지 않든 간에.

양 20세기 음악에는 과거와는 다른 너무나 많은 변화가 있었습니다. 20세기 들어서 몇몇 작곡가들이 19세기 말, 20세기 초의 전통을 끊어내려고 많이 노력했죠. 서도 '심각한' 음악이라고 해서 다 클래식 음악이란 이름으로 아우를 순 없다고 생각합니다. 그래서 현대 음악이라는 것도 있고요.

김 저는 '현대' 음악이라는 단어를 일부러 쓰지 않으려고 했습니다. 현대는 계속 바뀌니까요. 양 선생님이 말씀하셨으니까, 명확하게 하고 싶어서 여쭤보겠습니다. 현대 음악이라고 하면 모더니즘 영향을 받은 음악을 말씀하시는 건가요?

양 아닙니다, 작곡가가 생존해 있는 경우엔 다 현대 음악이라고 봅니다. 그래서 범위가 좀 좁습니다. 작곡가가 살아 있거나 최근 10년간 살아 있었다면 그들의 음악은 다 컨템포러리입니다.

김 컨템포러리와 현대를 같은 뜻으로 쓰시나요?

양 네, 저는 그게 맞는다고 생각합니다.

김 네, 저도 선생님 말씀에 동의합니다. 어떤 사람들은 20세기 음악, 가령 안톤 베베른Anton Webern 시기의 음악도 현대 음악이라고 칭하더군요.

양 폭넓게 보는 사람들은 그렇게도 부릅니다만, 저는 그 구분에는 무리가 있다고 생각합니다. 그런데 베베른의 음악을 근대 음악으로 치기에도 무리가 있어요.

김 저는 그래서 비교적 객관적인 단어, 20세기 음악이란 표현을 썼습니다. 제가 하려던 이야기는 이것이었습니다. 심각한 음악이면 모두 보수적이라고 생각하는 사람들이 있거든요.

양 클래식 음악이라고 하면 많은 사람이 보수적이라고 생각하죠. 그런 선입견이 저희 같은 연주자에게는 넘어야 할 높은 벽입니다.

김　클래식 음악이 보수적이지 않다고 생각하시나요?

양　보수적이지 않은 현대 음악 작곡가도 많습니다.

김　저도 물론 동의합니다. 제가 질문을 해보겠습니다. 가
령 '19세기 음악까지만 좋아한다' '바흐만 좋아한다'
이런 취향을 가진 사람은 보수적일까요, 아닐까요?

양　그건 그저 철저하게 개인 취향 아닐까요? 바흐, 베토
벤, 슈베르트까지만 좋고 그 이후 음악은 별로라고 생
각할 수도 있지 않을까요?

사실 슈베르트 이후 음악에서는 하모니가 복잡합니다.
복잡한 하모니를 싫어하는 분들은 바로크부터 슈베르
트까지만 선호할 거고, 저도 동감합니다.

나라별로 브람스, 슈트라우스, 엘가, 드보르자크, 본 윌
리엄스, 엘가, 생상스, 드뷔시 등으로 나눌 수 있겠습
니다. 이들 작곡가 특징을 간단하게 말씀드릴게요.

바로크 시대 바흐는 감정적·지적 균형을 잘 맞추었습
니다. 하이든은 위트와 유머가 있는 음악을 썼습니다.
사중주의 수준을 굉장히 올려놓았죠.

모차르트는 완벽하고 순수한 화성을 만들어냈습니다.

베토벤은 고전과 낭만을 연결해준 작곡가라고 할 수
있습니다. 형식과 화음을 혁신적으로 발전시켰어요.

슈베르트는 서정적인 내면을 표현한 가곡을 썼죠. 가
곡의 왕이라고도 표현합니다.

슈만은 실내악과 피아노 레퍼토리를 크게 발전시키면서 19세기 낭만적 정서를 음악적으로 잘 표현했죠.

멘델스존은 천재적인 재능으로 신선하면서도 귀에 속속 들어오는 멜로디를 남겼습니다. 바흐를 부활시킨 작곡가예요.

쇼팽의 피아노 건반 기술과 폴란드풍 요소가 지금까지 우리에게 영향을 미치고 있습니다.

리스트 역시 피아노 건반 기술을 발전시켰습니다. 앞서 리스트가 음악에 철학적 요소를 담았다고 말씀드린 바 있습니다. 그런 의미에서 한 시대를 앞서 나간 작곡가라고 할 수 있습니다.

브람스는 전통적인 형식을 더 발전시켰고 실내악 발전에도 크게 기여했습니다.

바그너는 화음과 오케스트라를 혁신적으로 활용했어요. 오페라의 발전에도 기여했죠.

슈트라우스도 화성과 오케스트라를 발전시켰습니다, 특히 교향곡을요.

엘가는 영국을 대표하는 마지막 낭만파 작곡가입니다. 영국의 풍경을 화성적으로 활용했는데, 그래서 엘가의 곡은 독특한 전원적 느낌을 자아냅니다. 향수가 느껴지기도 하고요.

이들의 음악을 즐기려면 공부를 상당히 해야 합니다. 순수한 마음으로 감상하기가 쉽지 않죠. 공부를 더 하다 보면 그전의 음악을 듣고 느끼는 감동과 그 후의 음악을 듣고 느끼는 감동에 차이가 납니다.

그래서 공부할 가치가 있습니다. 메시앙, 쇼스타코비치, 디티외가 남긴 곡들도 마찬가지인데, 이들은 기가 막히게 훌륭한 근대 작곡가입니다.

김 말씀하신 대로 몇 가지 기준으로 구분할 수 있겠습니다. 바흐 전의 음악, 바흐에서 슈베르트까지의 음악, 그 이후 19세기 음악, 19세기 음악 전통을 20세기까지 계승하거나 혹은 아예 실험적 추상적으로 나간 음악. 대충 동의하시나요?

양 네, 아르놀트 쇤베르크Arnold Schönberg▼는 의식적으로 전통에서 벗어나려고 했어요. '12음 기법twelve-tone technique'으로 곡을 썼습니다. 그의 음

▼ 오스트리아 작곡가로 1874~1951 스트라빈스키와 함께 20세기 클래식 음악의 거장으로 꼽힌다. 감정 표출을 중요시하는 표현주의 음악을 지향했다. 그가 창시한 12음 기법은 1옥타브 내 흰 건반 7개와 검은 건반 5개를 일정한 규칙에 따라 배열하는 것으로, 한 음이 연주된 후, 11개의 음이 연주되지 않고는 처음의 음으로 되돌아올 수 없다. 음렬주의 '클래식 음악'을 규정하는 조성을 버리고 무조를 택한 것이다. 화음은 물론이고 장조와 단조가 없는 무조 음악은 당대에 환영받지 못했다. "이것은 음악이 아니다." 12음 기법을 알반 베르크는 더 낭만적으로, 안톤 베베른은 더 냉소적으로 해석해 20세기 후반 작곡가들에게 영향을 미쳤다. 쇤베르크와 그 제자들을 일러 '신빈악파'로 부른다. '빈악파'는 18세기 후반에서 19세기 초 빈에서 활동했던 하이든, 모차르트, 베토벤을 가리킨다.

악이 후대에도 남았느냐는 다른 문제이고요. 지금에 와서는 다 사라졌다고 봐야겠습니다.

김 정말 그렇게 생각하시나요?

양 12음 기법은 쇤베르크가 했던 몇 가지 시도 중에서 상징적인 것이죠. 그의 철학은 높이 사지만 그 시도가 순수 음악으로 남았느냐고 물어본다면, 아니라고 답하겠습니다.

김 음렬주의serialism의 구체적인 테크닉을 이야기할 수 있겠지만, 그보다는 고전적인 조성을 거부했다는 시도가 더 중요하지 않나요? 전통을 극복했다고도 볼 수 있지 않나요?

양 완전히 극복하지는 못했습니다. 아무리 작곡을 잘한다고 한들 선배들의 위대한 작품의 복제품밖에 안 된다고 생각했고, 자신만의 영역을 개척하는 과정에서 매우 수학적인 작곡을 한 거죠.

사람들은 클래식 음악이 영혼에서 우러나오는 것이라고 생각했습니다. 그러니까, 귀로 듣는다는 생각은 안 했던 거죠. 슈베르트, 브람스, 슈만의 음악까지는 그랬습니다.

20세기 들어 음렬주의니 12음 기법이니 하면서 수학적인 시도를 한 것에 불과하다고 생각합니다. 그건 그냥 수학이지, 음악적인 수학이라고는 할 수 없어요.

김 지금 베토벤처럼 곡을 쓰는 사람도 없잖아요. 제 생각에는 음악이 발전하는 과정에서 당연히 쇤베르크 같은 사람이 나올 수 있다고 봅니다. 그의 기법으로 작곡하는 사람은 없어도 그의 아이디어가 후대 작곡가에게 지금도 영향을 미치고 있다고 알고 있거든요.

양 물론입니다. 아무리 노력해도 선배 작품의 복제품밖에 안 되더라 하면 틀을 깨고 자기만의 음악을 추구해야죠. 그리고 그 시도가 분명히 또 후대에 영향을 미치기도 하고요.

하지만 음악이라는 것은 본인이 속한 시대와 사회의 정체성을 잘 표현해야 깊은 감동을 줄 수 있다고 생각합니다. 야나체크, 마르티누는 체코의 정체성을, 쇼스타코비치는 러시아의 정체성을 음악에 담았습니다. 윤이상은 한국의 정체성을 음악에 담았고요.

김 정말 그런가요?

양 윤이상이 작곡한 악보를 보면 '웨스턴 테크닉으로 쓴 한국 음악이구나' 하는 느낌을 받아요. 제가 그분 곡을 연주할 때 동료나 제자에게 우리나라 전통 창을 많이 들어보라고 조언했습니다. 그러면 더 잘 연주할 수 있다고요.

김 제가 윤이상 작곡가에 대해선 잘 모르지만, 양 선생님이 말씀하신 다른 작곡가들이 포스트로맨틱이라는 건 알고 있습니다.

양 그렇죠.

김 그들은 낭만주의를 이어간 사람들이고, 특히 쇤베르크는 후대 작곡가들, 지금 활동하고 있는 작곡가들에게도 큰 영향을 미치고 있다고 생각합니다.

양 글쎄요. 쇤베르크 이후 피에르 불레즈Pierre Boulez▼ 덕분에 20세기 중후반 음악이 더 다양해졌다는 사실은 부인하지 않지만, 불레즈가 12음 기법을 시작한 이후 그 후배들은 그 이상을 보여주지는 못했습니다.

김 12음 기법의 어떤 부분을 이야기하느냐에 따라 영향을 다르게 판단할 수 있지 않을까요?
지금의 작곡가들이 12음 기법의 구체적인 규칙은 사용하지 않지만 그 개념 틀은 사용하고 있다고 생각하거든요. 적어도 쇤베르크 학파는 음악의 핵심이 전통 화성악과 대위, 그리고 그전에 생각했던 구조론과 파격적으로 다를 수 있다는 가능성을 제시했습니다. 그 자체는 후대에 큰 영향을 미쳤습니다.

양 그렇게 볼 수도 있지만, 현대 클래식 음악 작곡가들은 자신의 정체성을 찾기 위해 부단히 노력하고 있어요. 굉장히 어려운

▼ 프랑스의 작곡가, 지휘자. 1925~2016 감정을 빼고 구조적 치밀함을 보여주는 해석으로 호평과 혹평을 동시에 받았다. 음렬주의를 발전시켜 음고뿐 아니라 음가, 강약, 음색, 음량 등 모든 요소에 음렬을 논리적으로 적용하는 '총렬주의' 작곡을 지향했다.

과제를 안고 있죠. 필립 글래스Philip Glass 같은 작곡가들은 미국 팝 음악의 특성, 즉 짧은 패턴의 반복이라는 특성을 많이 활용합니다. 그 사람의 정체성인 셈이죠.

김 필립 글래스는 그 방향으로 나아갔겠죠. 저는 아르놀트 쇤베르크와 알반 베르크Alban Berg의 음악이 그저 하나의 에피소드라는 데는 동의하지 않습니다. 후대 작곡가들이 그 기법을 따르진 않았더라도 계속해서 영향은 받았다고 생각합니다.

양 영향은 미쳤겠죠, 그 기법을 의식적으로 따르지 않으려는 작곡가들도 있으니까요. 개인적으로는, 쇤베르크가 신빈악파Second Viennese School로 완전히 넘어간 이후 작곡한 음악은 안 듣습니다. 나름의 장점이 있겠지만 제가 찾아서 들을 정도는 아닙니다. 베르크는 쇤베르크보다 더 확고한 철학이 있었다고 생각합니다. 그가 작곡한 가곡, 콘체르토, 오페라는 매우 좋습니다.

김 쇤베르크가 없었다면 베르크의 작품이 나올 수 없었을 텐데요.

양 쇤베르크는 1874년생, 베르크는 1885년생으로 11년의 차이가 있습니다. 쇤베르크는 더 극단적으로 낭만파에서 멀어졌어요. 베르크는 그보다는 조금 더 감정이 담긴 음악을 만들었습니다. 그래서 제 경우에는 베르크의 음악을 조금 더 친근하게 느껴요. 저는 베르크

정도라면 쇤베르크가 없었어도 자기 음악을 만들었을
거라고 생각합니다.

김 하지만 상당히 다른 방향이었겠죠.

원래 주제로 돌아가서, 낭만주의에 보수성이 어느 정
도는 있다고 저는 생각하는데요. 낭만주의가 나치즘,
애국심과도 관련 있을 수 있다는 이야기는 앞에서도
했습니다만, 낭만주의와 독일 이상주의에 대한 제 솔
직한 생각은 이렇습니다.

낭만주의에 현대 세상에 대한 혐오가 많이 들어가 있다
는 것입니다. 그런 면에서는 낭만주의의 보수성을 강력
하게 비판할 수 있어요.

양 낭만주의 작곡가들의 작품에요?

김 그들 자신의 작품보다는 그들 후대의 작품에요. 낭만
주의 작곡가들이 미친 영향이죠.

양 정말 그런가요?

김 후대로 갈수록 보수성이 더 강하게 나타나는 것 같습
니다. 나쁜 의미의 보수성이라는 느낌을 받습니다.

양 음악도 18세기 후반에서 19세기 초반 철학자들과 작
가들의 영향을 받은 거겠지요?

김 전문가가 아니라서 정확히 말씀드리긴 어렵지만, 사상
의 영향이 문화 전반에 퍼졌으리라는 건 짐작할 수 있
습니다.

양 사상의 영향이 크긴 하지만, 그것을 음악으로 표현하는 건 다른 문제라고 생각합니다. 어떤 사상이 어떤 틀을 가지고 있다고 글로 쓰는 것보다 어떤 사상을 음악으로 표현하는 건 훨씬 더 어려운 일이에요. 낭만주의 사상을 음악이라는 매체로 자기만의 방법으로 표현하려고 하는 과정에서 많은 작품들이 나왔다고 생각해 볼 수도 있어요.

작곡가 입장에서는 음악으로 의미를 깊이 있게 표현했을 뿐인데, 음악이라는 게 너무나도 주관적이라서, 현대 세상에 대한 혐오가 있었다고 말하는 건 좀 위험하지 않을까요? 그렇다면 주관적으로 판단해서, 지금보다 더 좋은 세상을 구축하고자 하는 의지라고 보면 안 될까요? '예전이 더 좋았다, 지금은 나쁘다, 앞으로 예전처럼 좋은 세상을 만들자' 하는 식으로요.

수학은 어떤가요? 주관적인 판단을 할 수 있나요?

낭만적인 음악이 파괴적인
영향을 미칠 수 있을까

김 어떤 수학이 의미 있는가, 이런 판단은 주관적이라고 할 수 있습니다. 방금 '더 좋은 세상을 구축하고자 하는 의지'라고 말씀하셨는데, 제가 처음부터 주장했던 것은 19세기 낭만주의 음악에 비현실적인 향수가 많이 들어 있고, 그것이 현재까지 상당한 영향을 미치고 있다는 것이었습니다.

양 네, 비현실적인 향수가 비극으로 끝날 때도 있으니까요. 〈겨울 나그네〉만 봐도 얼마나 비극적인 스토리입니까? 자기가 꿈꾸는 이상을 음악에 담으려 했을 것입니다. 그래서 그 이상이 청자에게는 비현실적인 향수로 느껴지더라도 감동은 있을 거라고 생각합니다.

그다음, 청자가 어떤 마음인지에 따라서도 음악이 달

리 들릴 수 있지 않을까요? 누군가는 비현실적인 향수
를 느끼는가 하면, 누군가는 작품이 추구하는 이상을
생각할 수도 있어요. 19세기 역사는 비극적이었더라
도 19세기 음악은 매우 긍정적으로 발전했다고 생각
합니다.

김 음악이 긍정적으로 발전했다는 데에는 저도 어느 정
도 동의합니다. 그러나 다른 여러 복잡한 효과와 함께
부정적인 면도 있었을 것이라고 추정합니다.

양 그렇겠지요. 긍정적으로 발전했다는 것을 폭넓게 해석
할 수도 있고, 저마다 주관적으로 해석할 수도 있으니
까요.

바흐, 베토벤, 모차르트의 음악을 독일 음악으로 볼 수
없다고 생각합니다. 브람스와 슈만은 독일 음악 전통
안에 있습니다. 독일의 철학을 담았기 때문입니다. 프
랑스나 이탈리아 작곡가들의 곡을 수집하고 공부해서
더 훌륭한 작품을 만든 바흐는 작곡의 수준을 올려놓
았고, 모차르트도 테크닉이 뛰어났지요. 베토벤은 프
랑스혁명, 프랑스 철학자들의 영향을 받았습니다.

그 후대에는 애국심이 음악에 담긴 것 같습니다. 전쟁
을 겪으면서 더욱 그럴 수밖에 없었겠다는 생각도 듭
니다. 음악의 발전 양상은 상당히 광범위한 주제인 것
같습니다.

양 낭만주의 음악의 현대에 대한 혐오가 무엇인지를 한 번만 더 설명해주신다면요? 그게 꼭 나쁘기만 한 걸까요? 현대의 어떤 점을 혐오하는지에 따라 다르지 않을까요?

김 좀 모호한 답을 드릴 수밖에 없을 것 같습니다. 사람에 따라 좋은 점은 다르겠지만, 내가 좋다고 생각한다면 어디까지가 좋은 것인지, 좋다면 뭐가 좋은 것인지 판단해야 하는데 낭만주의적 사고에서 이런 정확함을 기대하기는 어렵지 않을까 싶습니다.

막연하게 '예전에는 이런 것이 좋았다'가 꼭 과거에 대한 향수와 관련되어 있는 것은 아니지만 그런 생각의 대부분은 낭만적인 생각입니다. 낭만적인 생각은 정확하지 않고 근거도 없는 편이죠. 그래서 제가 비판적입니다. 바로 그런 면에서 파괴적인 효과가 생겨난다고 봐요.

양 회고적인 성격을 가진 분들이 있습니다. 이 상황에서 어떻게 살아남을지, 어떻게 적응해야 할지, 어떻게 문제를 풀어야 할지 고민하지 않고, 예전에는 안 그랬는데, 예전에는 더 좋았는데 하는 분들이 있지요. 낭만적인 생각을 하는 분들 맞지요?

김 틀리진 않습니다. 옛날에 좋았던 것들이 당연히 있겠지요. 그것을 지금에 와서 잘 재현해서 더 좋아지기도 하고요. 반면에 지금에 와서 더 좋은 것들도 있습니다. 정확한 사고를 통해서 알아보려고 하지 않고, 가령 세계의 현 상태를 정확하게 파악해보고 옛날에는 진짜 어떠했는지 객관적으로 조사하는 노력 없이 향수를 느끼는 것이지요.

양 논리적이지 않다는 말씀이지요?

김 비논리적이라기보다, 제 생각에는 부정확하다고 하는 게 더 좋은 표현인 것 같습니다. 좋아하는 것들에 대해서는 모호해도 상관없지만 싫어하는 것에 대해서는 정확해야 한다는 말이 있습니다. 저는 정확하게 무엇의 어떤 점이 싫은지, 어째서 싫은지 정당화할 수 없으면 혐오를 포기해야 한다는 입장에 가깝습니다.

양 사회에서 종교가 분리되면서 낭만주의가 극적으로 발전했습니다. 이런 분리가 확실히 도움이 됐다고 보시지요?

김 18세기 팽배했던 이성주의에 대한 반발로 낭만주의가 등장했다고들 하잖아요. 종교와 낭만주의의 관계를 생각해보면, '이성주의자가 종교 타파를 외쳤고 그로 인해 생긴 공백을 낭만적인 관점으로 채우려 했다'는 분석이 비교적 정확하다고 생각합니다.

양 사람들이 음악을 듣는 이유를 그렇게 설명할 수 있지

않을까요? 종교가 사회에서 점점 분리되면서 그 공백
을 음악으로 채우고 있다고, 즉 음악이 종교를 대신한
다는 관점입니다.

김 음악뿐 아니라 예술의 역할이 그것이었다고 말하는
사람들이 지금도 많습니다.

양 저는 그중에서도 음악이 더 많은 역할을 했다고 봅니
다.웃음

김 이성적인 사고로만으로는 기술되지 않는 현실과 경험
을 예술로 표현할 수 있다는 데는 동의합니다.

우리는 왜
클래식 음악을 들을까

김 주제를 좁히기 위해서 이런 질문을 드리겠습니다. 역사에 관심 있는 사람만 19세기 음악을 들으면 안 될까요? 역사에 관심 없는 이들이 왜 19세기 음악을 들어야 하나요?

양 일반 사람들이 꼭 들을 필요까진 없죠.

김 양성원 선생님은 19세기 음악이 일반 사람들에게도 도움이 된다고 생각하셨잖아요.웃음

양 식욕은 의학적으로 설명할 수 있습니다. 배가 고프면 음식이 당기겠죠. 하지만 음악을 듣는 이유에 대해서는 의학적으로 설명할 수가 없을 것 같은데요. 음악을 듣는 것과 생존하는 것은 하등 상관이 없으니까, 음악을 듣고 감동할 수도 있다고 생각합니다. 꼭 들어야 하

는 게 아니라서 들었을 때 오는 감동.

김 제 질문의 폭은 더 좁았습니다. '왜 음악을 듣느냐'는 대답하기 어려운 질문이죠. 저는 왜 '옛날' 음악을 들어야 하는지 질문했습니다._{웃음}

양 종교가 우리 삶에 꼭 필요할까요? 예술작품을 감상하는 일은 또 어떨까요? 음악도 마찬가지라고 저는 생각합니다.

클래식 음악을 요즘처럼 많은 사람들이 즐기던 때가 없었습니다. 클래식 음악 전성기에는 유럽이나 미국의 극소수 사람들만 들었습니다.

지금은 동양에서도 많이 듣지요. 클래식 음악 애호가가 넘쳐납니다. 전 세계적으로도 베토벤, 바흐, 슈베르트, 브람스 작품들이 이렇게나 많이 연주된 적도 없었고요.

클래식 음악이 어렵다는 인식이 있음에도 불구하고, 공부를 해가며 듣는 사람들만큼이나 그저 귀를 열고 듣는 사람들도 많이 있죠. 클래식 음악 감상의 실질적인 효과에 대한 연구가 많이 진행되기도 했습니다. 정서적으로나 교육적으로도 도움이 된다고 해서 음악을 더 찾아 듣기도 하고요.

김 음악 감상이 정서나 교육에 도움이 된다는, 신빙성 있는 연구는 없는 것 같습니다.

양 얼마나 신빙성이 있는지 모르겠지만 그런 연구 결과
   들이 꾸준히 발표는 되고 있어요.

김 비판적인 시각으로 추궁했을 때 살아남는 연구는 못
   본 것 같습니다. 우리에게 긍정적으로 보이는 연구일
   수록 비판적으로 의심해보는 것이 좋잖아요?웃음
   19세기 음악을 듣는 사람, 좋아하는 사람이 많아졌다
   는 데는 동의합니다. 그럼에도 많은 음악가들이 이런
   걱정을 합니다. 클래식 음악을 보존해야 하는데 사람
   들이 대중 음악밖에 안 듣는다고요.

양 클래식 음악을 왜 더 많은 사람들이 들어야 하지요?
   저는 클래식 음악 대중화에 선뜻 동의하기가 어렵습
   니다. 대중화하면 안 된다고 생각합니다.
   더 정확하게는, 클래식을 대중화하는 것보다 클래식을
   찾는 애호가가 더 늘어나는 것이 더 중요하다고 생각
   합니다. 클래식을 대중화하는 과정에서 클래식의 정체
   성을 잃어버릴 소지가 크기 때문입니다. 특히 실내악
   은 음악 전문가들이 더 좋아하는 장르인데, 대중적이
   지 못합니다. 어쩌면 영원히 그럴지도 모르겠습니다.
   실내악 감상을 카뮈의 작품 감상과 비교해보면 어떨
   까요? 카뮈의 작품이 대중적이지 못하다고 해서 바꾸어
   야 할까요? 그렇진 않죠. 카뮈의 작품은 그대로 남아 있
   어야 합니다. 그게 바로 예술적 가치입니다. 클래식 음악

을 대중화하다가 고유의 정체성을 잃어버릴 수도, 그래서 음악의 '격'을 낮출 수도 있습니다.

제가 생각하는 대중화는 더 많은 사람이 짧은 시간에도 음악을 즐길 수 있게 곡을 더 쉽게 만든다는 것입니다. 그것보다는 클래식 음악 애호가를 늘리기 위해 아주 약간의 시간을 투자해야 한다고 생각합니다. 좋은 책을 알아보는 좋은 독자가 되려면 시간이 필요하듯이요. 작가를 이해하고 그 작가의 언어를 이해하는 데에도 시간이 필요하잖아요. 또, 더 많이 알수록 더 많이 즐길 수 있을 거고요. 그런 과정을 클래식 음악 감상에도 적용하는 것이 좋겠다는 게 제 생각입니다. 시간을 들여야만 깊은 만족감을 얻을 수 있어요.

약간의 시간만 투자하면 누구나 클래식 음악을 제대로 온전히 즐길 수 있습니다. 깊이 있는 책을 이해하듯, 깊이 있는 음악을 이해하는 데는 어느 정도의 노력이 필요해요. 마찬가지로 훌륭한 미술작품을 이해하면 우리 삶이 업그레이드되듯이, 좋은 음악을 이해하는 효과 역시 그렇다고 봅니다.

대중 음악이란 그야말로 아무 때나 누구나 들을 수 있게 리듬이 심플해요. 그냥 흥만 돋우는 음악이죠. 예전에는 그런 음악을 민속 음악이라고도 했습니다.

엘리트주의에 대해 사람들은 잘 모르고 부정적으로만

보는 경향이 있습니다. 혹자는 클래식 음악 대중화가 그런 엘리트주의를 끌어내리는 방법 중 하나라고 말합니다. 그런데 그러다 보면 클래식 음악의 수준도 낮아지고 맙니다.

김　클래식 음악 대중화나 엘리트주의 문제는 제가 말씀드린 주제와는 다른 문제인 것 같습니다. 엘리트주의냐 아니냐, 대중화냐 아니냐를 떠나서, 클래식 음악이 아니더라도 음악 교육이 가능한데, '왜 19세기 음악을 우리가 들어야 하는가'에 대해 질문드렸습니다.

양　꼭 클래식 음악을 들어야 하는 건 아니죠.

김　그렇다면 조금 더 날카로운 질문을 던지겠습니다. 제 지인이 지방 대학의 음악과 교수입니다. 지인 말로는 늘 정원 미달이라고 합니다. 음악과가 문을 닫을지도 모른다고 걱정하더군요.

양　현실적인 문제죠.

김　과가 없어져도 괜찮다고 생각하세요?

양　대학에 들어가기 위해 음악을 하는 건 옳지 않아요. 지방의 대학뿐 아니라 서울의 대학에서도 음대가 없어질 수도 있다고는 생각합니다. 대학에 가야만 음악을 공부할 수 있는 건 아니니까요.

김　그러면 오케스트라가 문을 닫아도 괜찮을까요?

양　연주하는 사람이 없어지면 오케스트라라고 별수 있을

까요?

앞서 말씀드린 것처럼, 요즘만큼 클래식 음악이 많이 연주된 적도 없고, 그중에서도 바흐와 베토벤이 요즘만큼 많이 연주된 적이 없습니다.

어느 대학이건 간에 '음악과 인기가 없다' '과가 없어질 수도 있다'는 것은 피할 수 없는 현실입니다. 20세기엔 클래식 음악의 위상이 상당했습니다. 한때는 바이올린이나 첼로를 전공한다고 하면 우러러보는 시선이 있었습니다. 그래서 너도나도 악기를 배우고 음대를 갔습니다. 하지만 이제는 그 인기가 예전 같지는 않으니까 사람들이 음악을 안 할 수밖에요. 또 다른 이유로는 음악 교육이 투자 대비 효과가 너무 낮은 분야이기도 하고요.

김 양 선생님 말씀은, 클래식 음악이 시장의 원리를 따라가도 괜찮다는 말씀인가요?

양 제가 시장 원리라는 말을 좋아하진 않지만, 사회가 그렇게 흘러간다면 저희도 받아들여야 한다고 생각합니다.

김 왜 그 단어를 좋아하지 않으시나요?

양 사회가 너무나 극단적으로 이윤만 추구하니까요. 음악이든 책이든 사람들에게 많이 파는 것보다는 그것들을 조금이라도 더 좋게 만드는 데 집중해야 하는 거 아닐까요.

김 네, 이 책도 더 좋게 만들기 위해서 선생님에게 일부러 자꾸 극단적인 질문을 드렸습니다. 아니, 사실은 책을 팔려는 얄팍한 생각으로 자극적인 질문을 섞는 걸까요?웃음

D현

수학과 음악의 공통점과 차이점

수학과 음악의 공통점과 차이점

"음의 효과가 일어나는 것, 혹은 소리가 들리는 것은
주파수가 포개지는 게 아니라 더해지는 것이라는 게
신기한 현상으로 느껴져요. 어쨌든 덧셈이라는 것은
분명한데 어째서 덧셈일까 하는 겁니다."

김민형

"음의 효과가 일어나는 것, 혹은 소리가 들리는 것은
주파수가 포개지는 게 아니라 더해지는 것이라는 게
신기한 현상으로 느껴져요. 어쨌든 덧셈이라는 것은
분명한데 어째서 덧셈일까 하는 겁니다."

"음악에서는 논리가 먼저라고는 생각지 않습니다.
곡을 충분히 이해하고 나면 연주자만의 자유가
생깁니다. 이해하지 못했을 때는 방황하게 되고,
곡 구조와 화성을 알게 되면 자유를 찾을 수 있습니다.
방황과 자유의 차이는 이렇게 매우 큽니다."

양성원

양 김민형 선생님이 생각하시기에 예술이란 무엇인가요?

김 대답하기 너무 어려운 질문입니다. 대강의 답을 만드는 데만도 시간이 한참 걸릴 것 같습니다. 양성원 선생님은 예술을 어떻게 정의하시나요?

양 저는 음악에만 한정해서 말씀드릴 수 있을 것 같습니다. 현실에서는 항상 목표가 있잖아요. 마케팅을 생각하면 도달해야 할 판매치가, 성적을 생각하면 역시 도달해야 할 점수가 있습니다.

음악에서는 그런 목표가 없어서 매력적이라고 생각합니다. 다른 예술도 비슷하지 않을까요? 음악, 미술, 문학이 다른 점이 많겠지만 어떤 객관적인 목표가 없다는 점에서는 같다고 봅니다.

김 그런 말씀을 하시니까 재미있는 기록이 떠올랐습니다. '사람들이 왜 음악을 그렇게 많이 듣는가' 하는 질문에 답하는 책이 있습니다. 1980년대 말 미국에서 베스트셀러였습니다. 시카고대학교의 철학과 교수 앨런 블룸이 쓴《미국 정신의 종식The Closing of the American Mind》이라는 책입니다. 혹시 읽어보셨나요?

양 아니요, 못 봤습니다. 대화가 끝난 후에 찾아서 읽었습니다, 좋은 책 추천해주셔서 고맙습니다.

김 요지는 하나예요. '요즘 아이들은 왜 이런가?' 젊은이들의 특성, 더 들어가면 그들의 문제를 분석한 책입니다. 그중 한 챕터가 음악에 관한 것이라고 기억하고 있습니다. '요즘 젊은이들은 책도 안 좋아하고 공부도 안 좋아하는데 음악만큼은 좋아한다. 참 이상한 현상이다.' 이러면서 시작합니다.

저자는 '심각한 음악'과 '대중 음악'을 구분해서 이야기합니다. 우리 식으로 말하자면 꼰대 철학자라고도 할 수 있겠죠. 심각한 음악에는 지적인 면이 있고 종교적인 숭고함도 있어서 사람의 영혼에 다가가고 영혼을 어루만질 수 있는데 젊은이들이 좋아하는 대중 음악은 영적인 이해보다는 성적인 희열에 가깝다는 주장이었습니다.

양 'spirit'과 'physical'을 명확하게 구분해서 비교했군요. 누가 듣기에는 충격적일 수도 있겠습니다.

김 네, 비판이 상당했습니다. 하지만 팬덤도 상당했습니다. 저 역시 그의 의견에 동의하지는 않습니다만 그의 책을 재미있게 읽기는 했습니다.

양 수학자가 생각하는 예술은 무엇인지, 예술이 본인의 삶에 어떤 영향을 미쳤는지도 계속 이야기해보면 좋겠습니다. 쇤베르크 덕분에 20세기 음악이 존재할 수 있었다고 말씀하셨는데, 그런 점도 더 이야기해주면 좋겠고요.

김 저는 그렇게는 말하지 않았습니다.웃음 쇤베르크가 없었더라도 20세기 음악은 존재했을 겁니다, 지금과는 다른 형태였겠지만. '수학자로서 음악을 어떻게 생각하느냐'라는 질문에 개인적으로 답하자면, 10대 때는 낭만적인 감수성을 가지고 음악을 들었지만 지금은 수학자로서의 시각이 더 강한 것 같습니다.

수학자로서의 질문은, '음악은 물론이고 예술이 어떻게 만들어졌는가'입니다. 음악은 어떻게 형성되는 걸까요? 과학적으로 이야기해보자 하서서 음악을 음악이게끔 하는 요소에 대해 이야기해볼 참입니다.

인간의 몸은 무엇으로 이루어졌을까요? 뼈와 살로 이루어졌다면 뼈를 이루는 구성 요소는 뭘까요? 세포로 이루어졌다면 그 세포는 무엇으로 이루어졌을까요?

단백질이 필요하죠. 그럼 그 단백질은 무엇으로 이루어졌을까요?

이렇게 계속 파헤치면서 음악의 요소를 찾아가 보겠습니다. 제가 음악의 기본 구성 요소가 뭐라고 생각하는지 일반인들에게 질문하면 멜로디라고 답하는 분들이 있습니다.

양 그렇죠.

김 그러면 제가 이렇게 질문합니다. '그 멜로디를 형성하는 구성 요소가 뭐라고 생각하세요?'

양 일반인들은 소리라고 답하지 않을까요? 연주자들은 화성 구조라고 답할 것입니다.

김 그러면 제가 다시 묻습니다. '어떤 소리요?' 소리만 가지고는 멜로디가 되지 않죠. 바람 소리, 파도 소리를 음악이라고 할 수 없으니까요. 제가 책상을 두드린나고 해서 그게 음악이 되지도 않고요.

양 선생님도 잘 알고 계시겠지만, 전통적으로는 '음'이 가장 기본이 되는 요소라고 하잖아요. 말소리에 대해 약간 높다거나 낮다 정도로 말할 수 있지만 말소리는 특정한 음을 가지고 있지는 않으니까요. 많은 전문가가 그렇게 정의하고 있죠. 양 선생님, 제 말이 맞나요?

양 네, 음악가로서 그렇게 생각하고 있습니다.

김 그런데 저는 더 나아가서, 음은 세포 수준이고 그보다 더 깊이 파고들 수 있다고 생각해요. 음이 음악을 이루는 기본 요소이기는 해도 중간 단계만 파고든 것은 아닐까 생각합니다. 음으로 만들어진 더 큰 구성 요소로는 멜로디, 화음 등이 있을 거고요. 이런 것들을 이용해서 작곡한다면 '마디' 같은 거대한 구조도 생각하게 되지요. 그런데 마디는 왜 필요할까요?

양 음악의 문법 같은 거죠.

김 국악에도 마디가 있나요?

양 창을 할 때는 패턴이 있죠. 그 패턴을 타고 흐르는 멜로디가 약간씩 변주되는 게 국악입니다. 웨스턴 클래식 음악에는 마디 안에 박자가 있는데, 국악에서 그 박자를 가져다 쓰면서 마디가 생겼다고 볼 수 있습니다. 그냥 듣기에는 마디가 없을 수 있지만 더 들여다보면 마디가 있습니다.

김 창에서 박자는 거의 없는 것 같습니다. 서양식의 마디가 국악에 있다는 건 설득력이 없게 들립니다. 어떻게 생각하세요?

양 마디 개념을 잘 모르면 음악의 맥박을 제대로 이해하지 못할 수도 있습니다. 그림으로 치면 뿌옇게 보이는 것과 같습니다. 마디 안에는 맥박의 방향이 있어요. 맥박을 이해하고 들으면 음악이 더 선명하게 들립니다. 하나, 둘, 셋, 넷, 네 박자에서 가장 중요한 것은 첫 번째 박자이고 그다음 세 번째, 두 번째, 네 번째 순으로 중요합니다. 하나가 있으면 둘까지는 저절로 가고, 셋이 있으면 넷까지도 저절로 가죠.

전공자가 아니더라도 본능적으로 이 맥박을 느낄 수 있습니다. 마디가 있으면 박자가 더 자연스러워집니다. 맥박이 건강하면 음악의 흐름이 더 자연스러워집니다.

김 창에도 분명 마디가 있다는 말씀이지요?

양 네, 맞습니다. 국악 연주자들과 협업할 때가 있습니다. 클래식 음악 작곡가들이 마디 단위로 곡을 쓰는 건 국악 연주자들에게 생소한 방식입니다. 그래서 제가 패턴을 짜서 이 패턴이 어떻게 돌아오는지 알려드리면 국악 연주자들도 매우 훌륭한 리듬의 패턴을 연주하십니다. 즉, 국악과 서양 음악의 구조가 다르게 표현될 뿐입니다.

김 저는 좀 더 개념적으로 이해하고 싶은데요. A와 B를 비교할 때 그 각각의 구성 요소로 비교 가능한 경우가 있는 반면에 비교가 불가능한 경우도 있잖아요.

생물학에 '상동성homology'이라는 개념이 있습니다. 동물 신체의 '구조적인 유사성' 같은 것을 지칭합니다. 하지만 개에게 팔이 있을까요, 없을까요? 언뜻, 개의 앞다리가 사람의 팔과 유사한 역할을 하는 것 같지만,

또 아닌 것 같기도 하고 그렇잖아요? 생물학에서 자주 일어나는 문제입니다. 사람의 팔다리 구분을 개나 고양이에게 무작정 적용하긴 어렵다는 거예요.

마찬가지로 A라는 사람의 이 부분과 B라는 사람의 저 부분을 비교하는 게 맞는지 안 맞는지에 대해서도 의견이 일치하지 않습니다. 따라서 A와 B를 공통된 무언가로 동일선상에 놓고 비교하는 게 그렇게 간단한 문제는 아닙니다.

이쪽에서 마디가 저쪽에서는 무엇인가는 식으로 구분하는 것은, 비록 제가 전문가는 아니지만, 국악과 서양 음악을 비교하는 방법은 아닌 것 같습니다. 그러니까, 하나의 구성 요소를 두고 그 둘을 비교할 수 있을지 없을지 저는 잘 모르겠어요.

양 말씀 듣고 보니 그럴 수도 있겠네요. 생물학 이야기를 하니까 바로 이해됐습니다. 하지만 생물학에서의 상동성으로 국악과 서양 음악의 비교 불가능성을 다 설명할 수는 없을 것 같아요. 마디 안의 맥박은 조금 다른 문제입니다.

김 새로운 객체를 선입견을 가지고 접근하면 특정한 틀의 구조 분석structure analysis에 집착하게 됩니다. 조심해야 하는 접근법이라고 생각합니다. 문화 현상을 분석할 때도 이런 접근을 하곤 하죠.

제가 하고 싶은 말은, 음악을 비교할 때 우리의 접근 방식이 굉장히 인위적이라는 거죠. '어떤 구성 요소에 주목해서 음악을 비교할 것인가.' 잘 정립된 이론도 들춰보면 그다지 잘 정립되어 있지 않다는 거예요.

화음은 더하기일까
곱하기일까

김 음악의 수학적인 면에 대해 아주 기초적인 이야기부터 하겠습니다. 수학으로 음악을 이해하는 것입니다. 온라인 음 생성기szynalski.com/tone-generator를 기본 설정대로 두고 플레이 버튼을 누르면 바이올린 A음이 들립니다. 이 생성기는 순수한 음을 만들어요. 악기로 순수한 음을 만들기는 어렵습니다. 많은 음이 한데 섞여 있기 때문이죠.

양 순수한 음이라는 게 무엇인가요?

김 재미있는 현상을 먼저 보여드린 다음에 순수한 음에 대해 말씀드릴게요. 현재 기본 설정상 주파수가 440Hz로 맞춰져 있는데 주파수를 올리거나 낮추면 어떤 지점부터는 소리가 안 들리죠. 우리 귀가 들을 수 있는 영역이 제한되어 있기 때문이죠. 440Hz란 공기가 1초 동안 진동하는 횟수입니다. 음 생성기의 창을 두 개 열어놓고 동시에 플레이해보겠습니다. 하나만 플레이하면 계속 들리던 소리가, 둘을 동시에 플레이하면 들렸다가 안 들렸다가, 혹은 크게 들렸다가 작게 들렸다가 합니다. 이번에는 하나는 440Hz, 다른 하나는 441Hz로 주파수를 맞추어서 동시에 들어보면 어떤가요?

양 파도가 치는 듯한, 울렁거리는 소리가 들립니다.

김 네, 재미있습니다. 이런 현상을 형이상학적으로 느껴질 수도 있는 질문과 연결해보겠습니다. 우리가 화음을 듣는다면 각각의 소리가 들리는 것일까요, 아니면 완전히 새로운 현상이 일어나는 것일까요? 무슨 소리인가 하면, 화음은 새로운 현상이라는 것입니다. 두 개의 음을 동시에 들어도 크게 들릴 때가 있고 작게 들릴 때가 있고 안 들릴 때도 있다는 것을 이 음 생성기로 확인할 수 있어요. 우리의 청각이 440Hz와 441Hz를 구분할 수 있을까요? 우리 귀에는 똑같이 들려요. 아무 차이가 없는데도, 순수한 음으로 그 둘을 동시에 들으면 완전히 다른 현상이 생기는 거죠. 간단한 소리 모양, 파동을 보여드릴게요. desmos.com/calculator 주파수가 1인 파동의 모양입니다. 대기압과 일치하는

0에서 시작해서 공기 압력이 위로 올라갔다가 아래로 내려갔다가 다시 0이 되는데, 즉 한 번의 주기가 완성되는 데 1초가 걸렸다는 뜻입니다.1Hz 그러면 2Hz는 1초에 두 번의 주기가 반복되는 모양이죠.

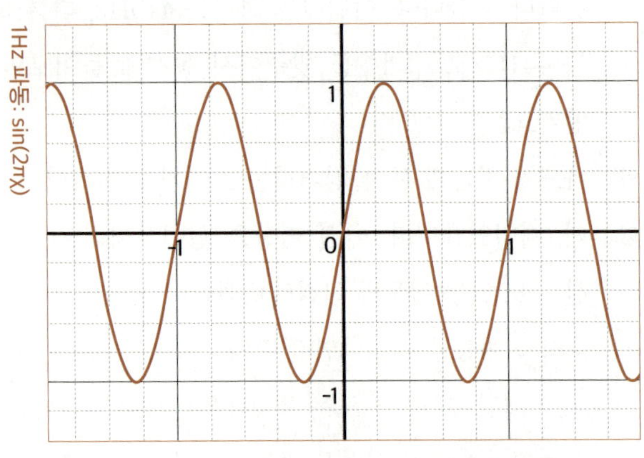

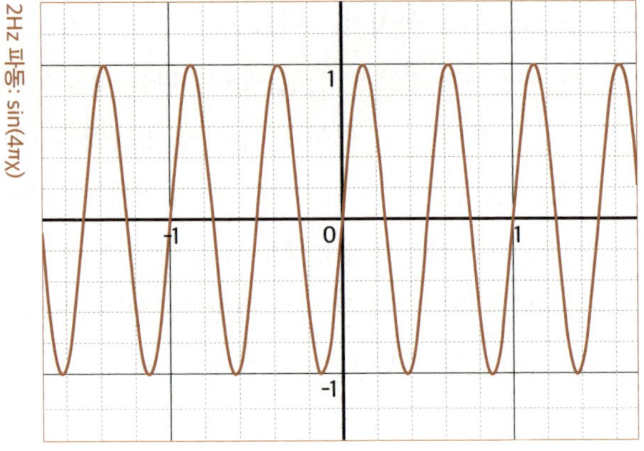

그럼 이제 440Hz 모양을 볼까요?

1초에 주기가 440회나 반복되니까 이런 모양이 나오
죠. 화면을 확대하면 주기가 보이지만 현재 해상도로
보면 선이 아니라 면으로 꽉 차 있는 것처럼 보입니다.
우리가 귀로 들을 때도 마찬가지입니다. 440Hz면 오

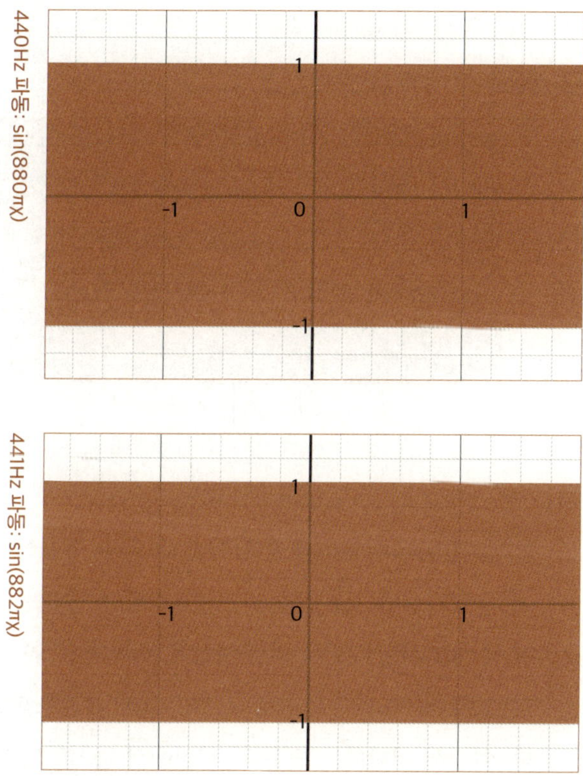

르락내리락하는 압력을 우리 청각으로는 알 수 없고 그냥 한 음으로 들립니다. 속도가 음의 높이로 인식될 뿐이죠. 그러니 440Hz와 441Hz을 우리가 구분할 수도 없고요. 참고로, 441Hz도 모양이 같습니다. 440Hz나 441Hz를 동시에 들어도 마찬가지고요. 아무 차이가 없습니다.

이제 두 개의 주파수를 포갰습니다.

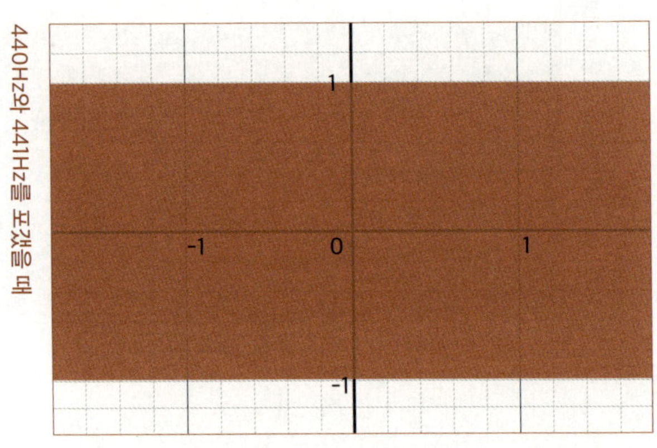

음 생성기로 440Hz와 441Hz를 동시에 플레이했을 때, 울렁거린다는 표현을 하셨지요? 우리 귀에는 그렇게 들렸습니다. 그런데 지금 파동은 보이지 않습니다. 그럼 이 두 주파수를 포개는 게 아니라 더해보겠습니다. 여기서 더한다는 뜻은 각 시점에서 공기압의 효과를 더한다는 것입니다.

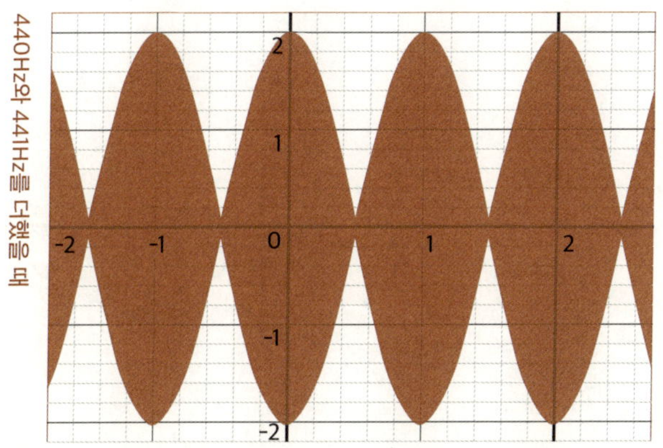

어떤가요? 저희는 이런 울렁이는 현상을 귀로 들었던 것입니다. 즉, 두 음을 같이 들을 때는 음들이 포개지는 게 아니라 두 음이 더해지는 현상이 나타나는 거죠. 주파수는 440Hz와 441Hz가 거의 똑같은데 왜 이런 현상이 나타날까요? 진폭이 두 배 커졌다가 아예 사라지는 곳도 있죠.

양 2+2=4가 아니군요.

김 맞습니다. 무언가 복잡한 일이 일어났어요. 그리고 음을 더할 때도 한 음이 언제 시작하느냐에 따라서도 다른 파동이 나타납니다. 보기 쉽게 1Hz 두 개를 더해보겠습니다. $\sin(2\pi x) + \sin(2\pi(x+c))$ 여기서 c는 시작하는 시간

입니다. 때로는 아예 들리지 않는 경우도 있죠. 압력의
오르내림을 시각적으로 추적해보았습니다.

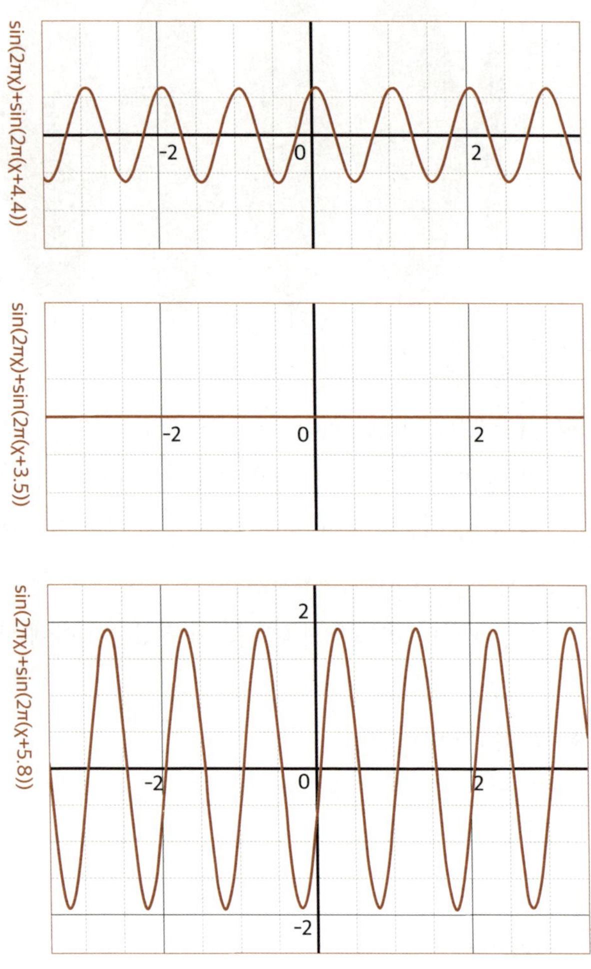

양 안 들리는 경우를 활용해서 도시의 소음을 줄이기도
   하지요?

김 맞습니다. 이런 현상을 연구하는 사람들이 많지요. 제
   가 알기로는 어려운 연구입니다. 음 높이가 하나인 소
   리는 상쇄하기가 쉬운데, 여러 높이가 섞여 있으면 상
   쇄하기가 쉽지 않아요. 지금 보여드린 건 아주 단순한
   사례라서요. 공학적으로 상당히 어려울 거예요.

   다시 처음 질문으로 돌아가서, 화음은 각각의 소리가
   들리는 것일까요, 아니면 완전히 새로운 현상이 일어
   나는 것일까요? 이제 새로운 현상이라는 걸 알고서,
   5도 화음을 시각적으로 표시해보겠습니다. 확대해보
   면 구조가 보입니다.

   우리가 듣는 소리에는 여러 주파수가 섞여 있습니다.
   순수한 음이 아니지요. 스펙트럼 분석기academo.org를
   사용해서 주파수를 분석해보면 됩니다. 주파수가 강
   한 부분은 어두운 색으로, 주파수가 약한 부분은 밝은
   색으로 나타나요.실제로 분석기를 사용해보면 반전되어 보입니다.

   바이올린 소리를 분석하면 이렇게 보입니다. 뚜렷한
   가로 선들이 여러 개 보이지요.

   음악에서 이것을 '배음倍音/overtone'이라고 부릅니다.
   가장 크게 들리는 주파수가 맨 밑에 있고, 그 두 배, 세
   배, 네 배, 다섯 배 되는 주파수가 한꺼번에 섞여서 나

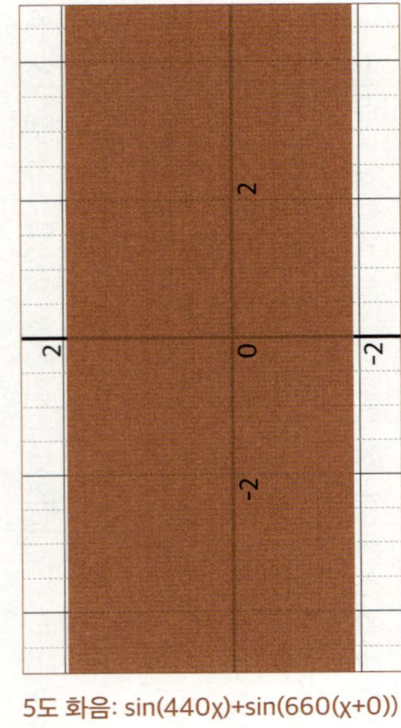

5도 화음: sin(440χ)+sin(660(χ+0))

5도 화음 확대했을 때

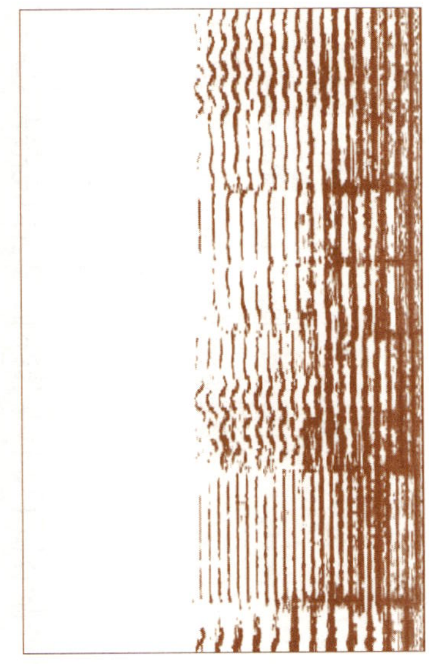

스펙트럼 분석기의 바이올린 소리

오기 때문에 일정한 간격으로 나타나지요. 새소리나 휘파람 소리에는 배음이라고 할 만한 게 적습니다.

배음이 어떤 식으로 얽혀 있느냐에 따라 질이 달라집니다. 그리고 '엔벨로프envelope'라는, 소리가 시작해서 없어질 때까지 크기의 변화 패턴, 이 두 가지가 '음질'을 결정하는 데 상당히 중요한 요소들입니다. 스펙트럼 분석기를 돌려보면 휘파람은 비교적 순수한 음이라고 말할 수 있고 바이올린은 배음 때문에 순수한 음을 형성하는 게 불가능합니다.

지금까지는 음 하나의 분석이었지만, 우리가 살면서 듣는 소리에는 음높이가 거의 없잖아요? 박수 소리가 그렇죠. 여러 주파수가 고르게 섞여 있어서 주기적 파동이 없기 때문입니다.

소리가 한 주파수로 몰려 있어야만 우리는 음을 인식할 수 있어요. 높은 주파수들이 많이 섞여 있으면 높게 들리고, 낮은 주파수들이 많이 섞여 있으면 낮게 들리죠.

좀 돌아왔는데, 음의 효과가 일어나는 것, 혹은 소리가 들리는 것은 주파수가 포개지는 게 아니라 더해지는 것이라는 게 신기한 현상으로 느껴져요. 어쨌든 덧셈이라는 것은 분명한데, 어째서 덧셈일까 하는 겁니다.

어떤 곡의 한 마디에만도 많은 요소가 포함되어 있잖

아요, 음도 있고 화음도 있고 시간상 상호작용도 있고. 그 조립을 표현하려면 어떤 구조, 어떤 모델이 좋을까요? 표현하는 것이 좋을까요? 이 질문은 우리가 관심 가지고 있는 우리 경험과는 또 어떤 관계일까요? 추상적인 연산으로 조립된 그것이 우리 경험과 무슨 관계가 있을까요? 이것을 파악하고 싶어요.

음 하나만 따져도 이런데, 곡 전체는 또 어떨까요? 더 어렵고 더 심오한 연산 과정일 것 같습니다. 그 과정을 이해하고 싶다는 포부가 있습니다.

양 그런 연구를 통해서 무엇을 보여주고 싶으신가요?

김 음악을 전체적으로 이해하고자 하는 거죠. 음 하나에 대한 수학은 이해가 잘됩니다. 어떤 현상이며, 어떤 수학적 구조와 연산과 함수로 풀 수 있는지. 음 하나에 대한 수학적 모델은 제대로 되어 있다고 생각합니다. 화음이나 음질도 그렇고요. 하지만 하나의 음에서 하나의 곡으로까지 가는 과정은 멀고도 먼 길이죠.

그다음, 배음에 대해서도 간단하게 보여드릴게요.

똑같은 길이의 현을 진동하는 여러 방법이 있습니다. 음 생성기에서 보신 것과 마찬가지로, 다섯 배 주파수가 높으면 다섯 번 옥타브 높은 소리가 들릴 때와 같은 모양으로 파동합니다. 이 현상 자체를 시각적으로 표현하면 이렇습니다.

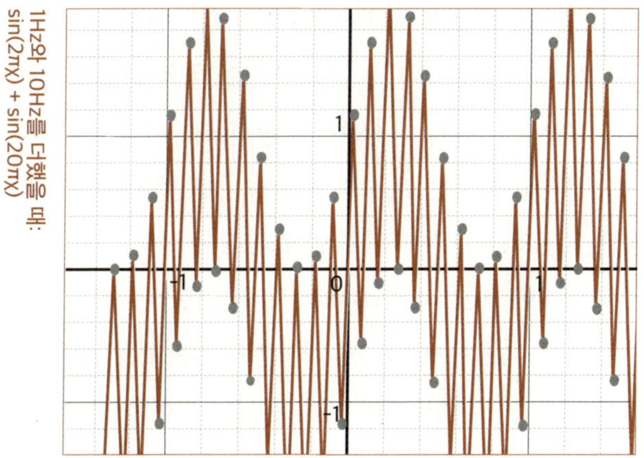

1Hz와 10Hz의 파동을 더하면 영상에서 보신 것과 비슷한 모양이 나오죠. 이것은 같은 크기로 더했을 때이고, 10Hz의 크기를 1Hz의 10분의 1로 줄이면 다음과 같은 모양이 나옵니다.

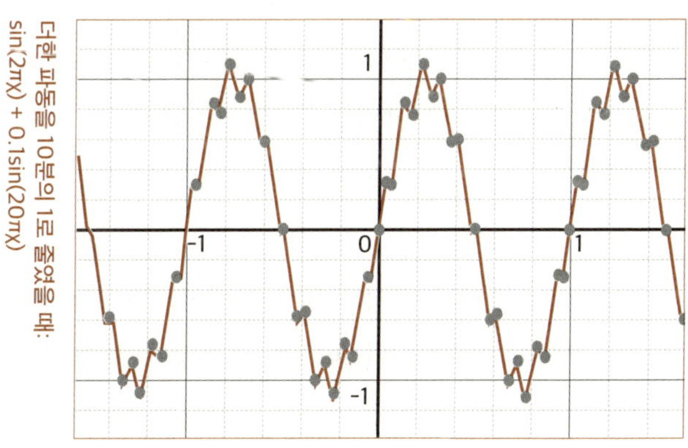

모양은 이렇게 달라도 우리 귀에 음높이는 거의 똑같이 들립니다. 주기가 바뀌지 않았기 때문이죠. 큰 윤곽을 보면 0에서 시작해 1초 동안 커졌다가 작아졌다가 다시 0이 되는 그 주기가 같습니다. 큰 윤곽 주위에서 요동치는 작은 파동이 보이지요?

이것이 바로 배음입니다. 음질을 바꾸는 효과가 이런 파동, 배음에서 나타납니다. 수학적으로는 '중첩 현상'이라고 합니다. 그냥 포개져 있는 것이 아니고 더해지는 것. 음을 이해하는 데는 수학을 씁니다. 그런데 어떻게 수학을 곡을 이해하는 데로까지 확장할 수 있을까요?

양 객관적인 모델만 가지고 곡을 다 이해할 수 있을까요?

김 가능할지 불가능할지 저도 실은 모르겠습니다.

양 음악 감상에는 본인 경험이 어느 정도는 작용합니다.

김 맞습니다. 곡을 수학적으로 이해한다고 해도 한계가 있을 거라고 생각해요. 그런데 저는 그 한계가 어디까지인지도 알고 싶거든요.

양 주관적인 음을 객관적인 모델로 설명하려는 시도가 대단한 것 같습니다.

김 복잡한 경험을 수학적 모델로 표현하려면 훨씬 더 많은 작업이 필요합니다. 미적인 경험을 텐션과 레졸루션 관계만으로 그렇게 간단하게 분석할 수 있는 것이 아니듯이요. 그래도 수학적으로 체계적으로 분석해보면 우리 경험과의 간극까지도 살펴볼 수 있을 것 같다는 생각이 들어요.

양 음 생성기나 주파수 분석기 등을 통해 소리를 눈으로 보면 음악가들 간 진지한 대화도 이어갈 수 있겠습니다.

김 음의 수학적 이론에 대해서는 요즘 작곡가들도 많이 알고 있습니다. 제가 좀 놀랐던 점은, 중첩 현상의 구체적인 이론이 의외로 잘 안 알려졌다는 거예요. 굉장히 간단한 현상인데도요.

$$\wr$$

양 레코딩하는 것만큼 스트레스가 큰 일도 없는 것 같습니다.

김 네, 정신적으로 육체적으로 굉장히 고될 것 같습니다.

양 정신적으로 힘든 건, 제가 연주를 하면서 느꼈던 것을 어떻게 하면 잘 담을 수 있을까 하는 고민 때문입니다. 녹음실에서 연주할 때보다 무대에서 청중과 호흡하면서 연주할 때 바이브레이션을 더 강하게 느끼거든요. 녹음실에서는 그 바이브레이션을 표현할 수가 없습니다. 마치 배터리가 5퍼센트도 안 남은 느낌이에요. 애초에 작곡가의 의도가 있고, 연주자는 그것을 이해하그래서 레코딩할 때 음악적 영감이 담긴 곡을 표현할 수 있을 때까지 40~50번 연주를 합니다. 그중에서 겨우 하나를 음원으로 발매하죠. 그래서 레코딩은 매번 도전하는 과정이고, 그때마다 함께 호흡하는 청중과 장소의 중요성을 더 크게 느낍니다. 여기서 호흡한다는 것은, 무대에 올라 청중을 위해 연주할 때 제가 충전되는 것 같은 느낌을 말합니다.

어떻게 하면 저의 레코딩을 사람들이 라이브 연주처럼 느낄 수 있을까 하는 것이 저에게는 숙제입니다. 영원한 숙제이지요. 우선은 오선 텍스트를 제대로 이해하고 나서 템포를 느리게도 해보고 빠르게도 해보면서 여러 옵션을 시험해봅니다. 그런데 어떤 때는 옵션이 서넛 나오기도 해요. 어떤 옵션이어야 제 감정을 그대로 담을 수 있을지 고민을 거듭합니다.

살아 있는 순간을 잡는다는 건 너무나 어려운 문제 같습니다. 소설을 읽다가 주인공과 너무나 가깝게 느껴지는 때가 있잖아요. 그런 느낌을 레코딩할 때도 담고 싶거든요. 문학작품이 영화화됐을 때 원작의 느낌이 남지 않아서 실망하는 경우가 있습니다. 화면에 기막힌 이미지들이 펼쳐지는데도 왜 책을 읽을 때의 감동이 없을까요? 영화감독이 책의 감동을 살리기 위해 도전하듯이 연주자도 작곡가의 의도를 고스란히 전하기 위해 애씁니다.

김　제 생각에는 책과 영화의 관계와, 작곡과 연주의 관계는 좀 다른 것 같습니다. 문학작품을 영화화할 때는 매체가 달라지잖아요.

책을 읽고 나서 영화를 봤을 때 실망하는 경우도 있지만 반드시 그런 것도 아니거든요. 영화를 먼저 접하고 나서 책을 볼 때 오히려 실망이 클 수도 있습니다. 무엇을 먼저 보았느냐, 영화가 책의 어떤 내용이 집중했느냐에 따라 다른 것 같습니다.

양　저는 주로 책을 먼저 봤습니다.웃음

김　접히는 순서 때문일 수도 있습니다.

양　그럴 수도 있겠네요.

또 한 가지는, 어쨌든 영화감독의 시선으로 영화를 보게 되는 거니까 감동이 덜할 수 있다고도 생각합니다. 책을 읽었을 때 제가 느낀 감동이 있을 텐데, 영화로 접하면 영화감독의 감동을 접하는 거잖아요.

제가 책을 통해 얻은 감동은 영화감독이 느꼈던 것보다 더 진할 수도, 덜할 수도, 다를 수도 있잖아요. 영화감독이 아무리 고심했다고 한들 제 감동과는 거리가 있겠다는 생각입니다.

수학에서는 어떤가요? 제 수준에서 짐작하기로는 수학에서는 결과물이 분명해야 하는데, 개개인 차이가 있나요?

김 분명해야 한다고 하면 그건 논리가 분명해야 한다는 말입니다. 수학에서만 그래야 하는 건 아니고 어느 학문이나 논리는 있어야 하죠. 학문에 따라 더 엄밀하고 덜 엄밀한 정도는 있겠지만 역시 중요한 건 논리적이어야 한다는 겁니다.

소설도 마찬가지 아닐까요? 근본적인 논리를 아예 무시하면 좋은 소설이 되기 어렵지 않나요? 상상의 나래를 펼칠 때조차 논리적으로 말이 되게끔 해야 한다고 알고 있습니다. 그러지 않으면 뛰어난 작품이 탄생하지는 않을 거라고 생각합니다.

문화적 전통이 다르면
수학도 달라질까

김 수학에만 한정해서 다시 말씀드리면, 논리가 분명해야
   한다는 뜻입니다. 이것은 객관적인 영역입니다. 다툼
   의 소지가 그다지 없는 최소한의 기준입니다. 연구 주
   제 등은 개인의 주관적인 영역일 것이고 그 결과물을
   판단하는 것 또한 학계의 주관적인 영역입니다.
   지금은 좀 약해졌지만 과거에는 문화권에 따라 의견
   이 많이 갈렸습니다. 가령 20세기 러시아 문화권과 서
   유럽 문화권은 좋은 결과물에 대한 정의, 그에 따른 판
   단이 달랐습니다. 치열하게 다투기도 했죠.

양 이론이 다르기 때문인가요?

김 여러 이유가 있을 텐데, 말씀하신 것처럼 이론을 다르
   게 바라보기 때문이기도 하고, 수학계에서 좋은 결과

물을 결정하는 과정에서 문화 차이가 발생하기도 하는 것 같습니다.

양 러시아 스타일, 서유럽 스타일, 동양 스타일 같은 것이 수학에도 있다는 게 흥미롭습니다. 그런 스타일을 간단하게 설명해주실 수 있나요?

김 요새는 스타일이 통일되어가고 있습니다. 수학자들 간 교류나 협업이 많아져서 그렇습니다. 스타일이 획일화되는 게 결국엔 안 좋은 거라고 말하는 수학자들도 있어요. 스타일들 간 차이가 있어야 수학 문화가 풍부해질 수 있으니 틀린 의견은 아닙니다.

20세기를 비교하면 재밌습니다. 19세기에는 수학 연구의 주류가 유럽 소수 사람들의 영역이었던 것 같습니다. 그런데 20세기 들어 여러 문화권에서 현대적 의미의 수학 연구를 시작했고 문화적 특색 또한 가지고 있었습니다. 그래서 스타일 차이를 비교하기가 수월합니다.

가령 프랑스는 추상적인 수학을, 영국은 구체적인 수학을 선호하는 편이죠. 영국은 지금도 중고등학교에서나 대학에서 이론을 가르치기보다 문제 풀이에 더 집중하는 경향이 있습니다. 프랑스의 환경을 제가 직접 경험한 바는 없어서 쉽게 판단할 수는 없지만 프랑스는 영국보다는 이론 정립을 중요시하는 편입니다.

양　한국은 어떤가요?

김　한국은 특이합니다. 서양 각 문화권의 영향을 두루 받아서 많은 것이 혼합되어 있는데, 우리나라 문화의 특징도 나타나거든요.

가령, 우리나라 사람들은 영국의 스타일을 좋아하지 않아요. 일률적으로 말할 수는 없지만, 제가 느끼기에, 조금 우습게 들릴 수도 있지만, 우리나라 사람들은 어려운 것을 좋아하는 경향이 있어요. 그래서 영국 스타일을 꺼리는 것 같습니다. 학생들만 봐도 포괄적이고 대단한 무언가를 하고 싶어해요.

또 우습게 들릴 수도 있지만, 무슨 일을 하든 간에 일에서 찾는 의미를 인생의 의미와 연결하고 싶어하는 것 같습니다. 그런 성향이 당연히 수학에서도 나타나고요.

양　영국 스타일을 좋아하지 않는다는 것을 이렇게 해석해볼 수도 있지 않을까요? 한국에서는 남의 눈치를 많이 보잖아요. 남의 시선을 의식하는 편이라고 생각합니다. 타인이 나를 확실하게 인정하기 전까지는 스스로 뭔가를 해냈다는 성취감도 잘 느끼지 못하고요.

수학 분야에서도, 내가 인정받으려면 남이 정한 기준을 만족시켜야 하는데 영국 스타일의 수학보다는 조금 추상적인 수학으로 나가는 것이 타인 눈에 더 그럴

싸하게 보일 수 있기 때문이 아닐까요? 그런 부담이 알게 모르게 영향을 미쳤을 수도 있다고 생각합니다.

김 그런 것도 있겠지요.

제가 아는 한에서 해석해보면 이렇습니다. 나라마다 학문을 한다는 것에 대한 인식이 다릅니다. 특히 우리나라에서는 학자들의 지위가 높습니다. 수학을 공부한다는 것과 교수가 되는 것을 혼동하는 사람들이 그래서 많습니다. 그 둘은 분명 다른 일인데도요.

양성원 선생님이 말씀하신 것처럼, 남의 시선을 신경 쓰는 탓도 물론 있죠. 그런데 저는 그것이 나쁘다고만은 생각지 않습니다. 학문을 존중하는 문화적 특성이라고 볼 수 있습니다. 영국에서는 유명 대학의 교수가 된 제 친구들 중에 그 가족들이 '도대체 언제 제대로 된 직장을 잡을 거냐?'고 물어보기도 한다고 해요.웃음

양 맞습니다. 교수라는 직업이 이렇게 좋은 대우를 받는 나라가 없습니다. 한국에서는 교수가 된다는 게 가문의 영광이잖아요.

김 네, 문화적 특징이 다 좋다, 다 나쁘다가 아니라 좋은 면도 있고 나쁜 면도 있고 그렇죠.

양   외국 교수들과 연주자들이 한국 사람들의 음악성에 놀라워하며 칭찬을 합니다. 저는 국악 DNA 덕분이라고 대답합니다. 국악을 악보화하는 게 어렵고 학생들도 국악을 전혀 듣지 않지만, 어느 정도 국악의 영향을 받긴 한 것 같아요.

우리 톤이 담긴 것이 국악이고, 국악을 통해 우리 민족의 표현력을 이해할 수 있어요. 국악은 우리 표현력이 풍부하다는 것을 보여주기도 합니다. 우리가 국악을 듣지는 않더라도 우리도 모르게 국악의 영향을 받는다는 거예요.

김   문화적인 전통이 있긴 하겠지만 그게 꼭 국악 때문일까요?

양   꼭 국악 때문이라고 할 수는 없지만 국악의 큰 영향을 부정할 수 없습니다. 수학은 어떤가요?

김   저는 한국의 수학 전통에 대해선 자세히 생각해본 적이 없습니다. 아까 말씀드린 전반적인 특징들이 있는 것은 사실입니다. 좀 '철학적인 면'에 대한 집착이 강하다든가 하는 그런 것이지요. 제가 수학과 너무 친밀해서 오히려 잘 모르는 것 같기도 합니다.

나라마다 정체성이 있긴 해요. 당연한 소리처럼 들리겠지만, 일본 수학의 특징은 엄청나게 깊이 열심히 파고든다는 점이거든요. 그건 수학적 전통과는 상관없을 수도 있어요. 한국에서는 그 정도로 열심히 할 여력이 있는 사람이 거의 없는 것 같기도 합니다.

양 한 우물만 파는 장인정신이 수학 분야에도 반영되는 거네요.

김 네, 그래서 훌륭한 결과물이 나오기도 하지만, 저하고 친한 일본 수학자들의 답답한 면이 보일 때도 있어요. '똑같은 일을 몇십 년 계속하고 있나' 하는 생각이 들 때가 있죠. 이 역시, 똑같은 특성이 장점이기도 하고 단점이기도 한 경우겠네요.

양 논리에 대해서 더 말씀드리면, 다른 분야는 잘 모르겠지만, 음악에서는 논리가 먼저라고는 생각지 않습니다. 곡을 충분히 이해하고 나면 연주자만의 자유가 생깁니다. 이해하지 못했을 때는 방황하게 되고, 곡 구조와 화성을 알게 되면 자유를 찾을 수 있습니다. 방황과 자유의 차이는 이렇게 매우 큽니다.

레코딩은 반드시 곡을 이해한 다음에 해야 한다고 생각해요. 레코딩할 때 감당하기 힘들 만큼의 스트레스가 있지만 한편으로는 쾌감도 있습니다. 이 쾌감은 이해한 것으로부터 찾은 자유 때문이죠.

저는 이것보다 좋은 직업이 없는 것 같아요. 수학에서는 어떤가요? 어느 수준 이상으로까지 도달한 후에는 상당한 자유가 있지 않나요?

김 그건 좀 생각해봐야겠습니다. 자유라고 표현하는 게 맞을지 고민이 되네요. 방금 말씀하신 것처럼 음악을 이해하고 난 다음에 연주자로서의 자유라는 게 있을 수 있고, 지위가 높아지는 것에 따른 자유도 있으니까요. 의무도 많지만 그 의무 중에서도 자유를 발휘할 만한 것이 있을 수 있고요.

그러니까, 양 선생님께서 굉장히 까다로운 질문을 하셨습니다.웃음 수학이 예술인가, 과학인가 하는 논란도 수학자들 사이에 있습니다.

양 새미있는 주제네요.

김 자유로운 창작을 중시하는 사람들은 수학을 예술에 가깝다고 말하죠. 수학이 세상을 탐구하는 학문이라고 생각히는 사람들은 수학이 과학이라고 주장하고요. 수학은 양쪽 특성을 다 가지고 있습니다. 수학을 창조적이라고 할 때, 예술하고 비교할 수도 있지만, 제 생각에는 엔지니어링하고 비교하는 게 더 정확할 것 같습니다. 기계를 발명하는 일도 창조적인 일이잖아요.

양 선생님은 저보다 예술 쪽을 더 많이 알고 계시니까, 자기 의지가 아니라 자연의 법칙에 따라 창조물을 만든다고 주장하는 예술가들이 있다는 것도 알고 계시겠지요. 굉장히 복잡한 주제입니다. 잘 알려진 이야기로, 미켈란젤로가 조각가를 일컬어 덩어리 안에 이미 숨어 있는 형태를 들춰내는 의무를 가진 사람이라고 주장하기도 했듯이요.

조각하는 제 친구들에게도 자기 표현self expression에 관한 질문을 해봤어요, 예술에서의 창조나 창작이 자신의 감정을 표현하는 것이냐고. 가만히 생각해보면 예술을 자기 표현이라고 여기는 예술가들이 요새는 드문 것 같습니다.

19세기에는 자기 표현이 흔한 구호였습니다. 요새 예술가들 중에 예술을 두고 '나를 표현하고 싶은 것'이라고 하는 건 인기가 없어진 것 같거든요. 자유가 어디에서 어떻게 작용하는지 논의하는 건 쉬운 문제가 아니에요.

양 근대 미술, 근대 조각에서는 어떤가요?

김 제가 전문가는 아니라서 잘 모릅니다.웃음

제가 아는 한에서 쉽게 판단을 하자면, 19세기 말, 20세기 초의 예술 분야 동향은 비슷했던 것 같습니다. 지금은 그렇게 부르기는 힘들지만, 그 당시 모더니즘 사조가 음악·미술·소설에 고루 퍼져 있었습니다. 현재 유행도 실은 100년 전의 사고 체계를 이어받았다는 느낌입니다. 그때 사람들은 객관성을 많이 강조했잖아요, 실제로 객관적인지 아닌지는 따져봐야 하겠지만. 예술가들도 이런 흐름을 알고 있을 거고, 그리고 그런 과정을 거치면서 예술이 자신을 표현하는 것이라는 말은 피해 간 것 같습니다.

라이브 음악과
레코딩 음악은 정말 다를까

양 연주자로서 아쉬운 점은 사람들이 음악을 음원 사이트나 유튜브를 통해 듣는다는 것입니다. 저는 당연히 라이브로 듣는 게 좋다고 생각하고요.

팬데믹 기간 동안 유튜브 등을 통해서 음악을 들었죠. 하지만 요즘에는 팬데믹 이전보다 콘서트홀을 많이 찾고 있습니다. 단순히 청중이 많다는 것 이상의 매우 중요한 다른 점을 찾았는데요, 청중이 예전보다 훨씬 더 집중해서 연주를 듣는다는 것입니다. 연주하다 보면 청중이 경청한다는 것이 틀림없이 느껴져요. 홀에서 다 함께 침묵하고 음 하나하나에 집중합니다.

저는 몇 년 전부터 베를린필하모닉 디지털 콘서트홀 음악을 구독해서 들어요. 처음에는 매주 들었어요, 그러다 한 달에 한 번 듣다가 이제는 몇 달에 한 번 듣습니다. 왜 그럴까 생각해봤는데, 카메라가 잡는 연주 장면만 보게 되면 음악의 일부만 듣는다는 느낌이 들어서일 거예요.

클라리넷이 솔로 연주를 하는 동안 다른 연주도 보고 싶은데 화면이 차단되니까 볼 수 없죠, 볼 수 없으니 잘 들리지 않는 것 같아요. 하지만 '진짜' 콘서트홀에서는 제가 원하는 것을 다 볼 수 있고, 그러면 더 잘 들리고, 잘 소화되는 느낌이에요. 저는 넓게 보고 싶어요. 어디까지나 개인적인 생각입니다만.

김 이런 이슈가 음악에서는 굉장히 중요하겠죠. 그런데 학교에서도 같은 이슈가 있습니다. 강의실에서 직접 강의를 듣자는 쪽이 있는가 하면 녹화된 강의를 들어도 상관없다는 쪽이 대립하곤 하죠.

연구소에서 학회 활동을 할 때도 고민합니다. 사람들을 현장에 불러서 꼭 행사를 치러야 하느냐, 아니면 콘텐츠를 인터넷으로 제공하고 소통도 인터넷으로 하는 게 좋냐.

수학 분야가 음악에서만큼 현장성이 중요한가 싶으시겠지만, 오프라인에서 함께 모이는 것을 절대적으로 지지하는 분들이 많습니다.

양 김민형 선생님은 어느 쪽인가요?

김 양쪽 다 일리가 있는 것 같습니다. 제가 잘은 모르지만, 음악에서도 양쪽 의견이 다 일리 있는 것 같습니다. 양성원 선생님 말씀처럼 공연장에서 더 많은 것을 느낄 수 있지만, 온라인으로 언제 어디서나 들을 수 있게 되면서 음악이 훨씬 많은 사람에게 가닿을 수 있었고 음악을 더 쉽게 즐길 수 있잖아요.

저는 수학자라서 정량적인 면을 생각하지 않을 수 없는데요. 둘 중 하나를 버리고 다른 하나만 취할 수는 없을 거고, 결국에는 그 둘을 적절히 배합하는 수밖에 없지 않을까요?

라이브로 음악을 감상하는 게 중요하다면 어느 상황에서 어느 만큼 그 경험을 하는 게 좋은지를 따져봐야 한다고 생각합니다. 어느 한쪽을 극단적으로 지지하기 어렵지 않을까요?

양 학문 분야에서도 온라인이냐, 오프라인이냐 하는 이슈가 있었군요.

김 공동 연구를 많이 하고, 공동 연구를 하지 않더라도 대화는 매우 중요하거든요. 세미나를 연다는 건 대화를 하기 위해서예요.

연구 세미나를 매주 혹은 격주 단위로 주기적으로 합니다. 외부 강사를 초청하기도 하는데, 오로지 설명을 듣기 위해서죠. 논문만 읽어서는 이해가 잘 안 되니까

논문 쓴 사람을 불러서 질문도 하고 아이디어도 교환하는 겁니다. 정말 많은 대화가 오갑니다. 오프라인에 모여서 세미나를 해야 한다고 생각하는 사람들은 그 대화를 강조하는 입장입니다.

공동 연구를 하는 이들의 전문 분야도 다릅니다. 수학에서는 기하학에 대해 더 많이 아는 사람, 대수에 매우 강한 사람, 위상수학을 꿰뚫고 있는 사람 등등이 모여서 연구를 하죠. 특정 분야 전문가들이 모여서 대화를 하다 보면 좋은 결과가 나오는 경우가 상당합니다.

그런데 공동 연구라는 게 말이 쉽지 절대 쉬운 작업이 아니에요. 서로 짜증도 내고, 내가 못 알아듣기도 하고, 다른 사람이 내 말을 이해 못하기도 하고. 그래서 그만두고 싶을 때도 많아요.

양 제가 잘은 모르지만, 그런 대화는 온라인에서도 가능하지 않나요?

김 그렇죠. 그런데도 무언가 부족하다고 느껴져서, 온라인으로 이어가다가도 꼭 실제로 만나요.

제 연구소에 'Research-in-groups'라는 프로그램이 있습니다. 신청자에게 한 달 정도 연구실과 숙소를 제공해서 공동 연구를 할 수 있게끔 하는 거죠.

수학에서는 팀워크 같은 것이 실험과학에서만큼은 많지는 않습니다만 국제적 대화는 상당히 많은 셈이죠.

양 연주자들은 공연하기 전에 리허설을 하잖아요. 이건 온라인으로 절대적으로 불가능합니다. 반드시 만나야만 해요.

그런데 가르치는 건 온라인으로 가능합니다. 제가 서울에 있고 학생이 런던에 있어도 꽤 괜찮은 앱을 가지고 가르치기도 했습니다.

하지만 비대면상에서 음색을 찾는 건 아직은 불가능합니다. 온라인으로 연습할 수 있는 방법은 가르칠 수 있어도 자기 혼을 담아야 하는 음색을 찾을 수는 없는 거죠.

저는 대면 만남과 비대면 만남의 차이는 라이브 연주와 레코딩 연주와 차이와 비슷하다고 봐요. 오프라인에서 완전히 사라질 예술 장르에 몸담고 있는 것은 아닌가, 현장성 있는 음악을 하는 마지막 세대는 아닌가 하는 생각을 할 때가 있습니다. 음악도 결국은 기술과 점점 더 가까워지겠지만 정말 중요한 것과는 점점 더 멀어지는 것 같아요.

음악에 관해, 기술의 발전에 따른 장단점이 무엇이라고 생각하세요?

김 저는 그 질문을 더 포괄적인 프레임에서 생각하고 싶은데요. 인간 뇌의 지도가 아주 상세해지고 있다고 하잖아요. 어떤 경험을 할 때 뇌의 어떤 부분이 활성화되는지도 점점 섬세하게 알 수 있게 됐고요.

음악의 혼이나 음색을 찾는 일이 온라인상에서는 불가능하다고 하셨지만, 저는 이런 상상을 해봤습니다. 굉장히 발달된 기계로 측정해보니까 뇌의 반응이 온라인으로 들을 때와 현장에서 들을 때가 전혀 차이가 없을 수도 있다고. 그렇다면 그것을 사람들이 사실로 받아들일까요? 아무리 정확하게 측정해도 디지털 녹음이 아날로그 녹음보다 나쁘다고 주장하는 사람도 있잖아요.

양 저는 뇌의 반응이 반드시 다를 거라고 확신하는데요. 웃음 뇌의 반응이 다르지 않다면 마음의 반응은 다를 거라고 말하고 싶습니다. 무슨 말인가 하면, 단순히 디지털 녹음이냐 아날로그 녹음이냐 구분할 때는 뇌의 반응이 다르지 않을지도 모릅니다.

질문을 다르게 해보면 어떨까요? 둘 중 다시 듣고 싶은 음악이 무엇이냐고. 디지털 녹음과 아날로그 녹음을 구분하는 게 목표가 아니라 감동을 목표로 하면 대부분 아날로그 녹음을 택할 것이라고 생각합니다. 마찬가지로, 스튜디오 녹음과 라이브 녹음 중에서 라이브 녹음을 택할 것이라고 믿어요. 음악은 구별하려고 듣는 게 아니라 감동받으려고 듣는 거니까요.

김 디지털 녹음이 나쁘다고 표현하는 사람들도 있겠죠.

그런데 그렇게 말하는 사람들을 대상으로 테스트하면 그들이 실제로는 디지털 녹음과 아날로그 녹음의 차이를 구분하지 못하더란 결과를 들은 적이 있습니다. 객관적인 상황, 검증 가능한 상황에서 실험을 해보면 저라도 구분하지 못할 것 같거든요.

양 그러면 김 선생님이 보시기엔, 디지털 녹음과 아날로그 녹음의 차이는 심리적인 차원으로 이해할 수 있다는 거죠?

저는 어떤 것이 디지털인지 아날로그인지 사람들에게 알려준 다음에는 그들이 아날로그를 선호할 것이라고 생각해요. 알고 난 다음에는 그 둘의 차이를 의식하게 되고, 그다음에는 구별 자체가 아닌 감동을 목표로 삼을 거라 믿어요.

아마도 그 과정에서 한 곡을 상당히 여러 번 듣는 과정이 수반되겠죠. 그 과정이 있다면, 네, 대부분의 사람들이 아날로그 녹음, 그중에서도 라이브 녹음을 택할 거예요.

김 심리적인 것으로 다 이해할 수도 없다고 생각합니다. 심리과학자도 객관적인 관측을 원하거든요. 가령, 뇌과학자가 뇌 지도를 완성했다고, 그것으로 인간 경험을 다 설명할 수 있다고 주장했을 때, 누군가 동의하지 않는다면, 즉 자기 경험은 다르다고 주장하면, 누가 맞는지 결정할 방법이 있는지 모르겠습니다.

그러니까 심리과학이든 뇌과학이든 더 발전한다고 해서 주관적인 경험과의 간극이 없어질 거라고는 생각지 않습니다.

양 제 개인적인 경험을 조금 더 말씀드리면, 라이브 녹음 연주의 경우 심각한 소음이 섞입니다. 박수 소리, 숨소리, 악보 넘기는 소리 등등. 이 소음이 감상에 방해가 된다고 하시는 분들도 있는데, 저희 같은 전문가들에게는 소음이 크게 들리지 않습니다. 소음을 제거하는 필터가 무의식적으로 작용해요.

A현

못다 한 이야기들

"현장에서 음악을 듣고 평하는 것 자체가
굉장히 특별한 액티비티가 될 수 있다고 생각합니다.
레코딩을 듣건 연주회 현장에서 듣건 간에 사람들은
자기가 듣고서 좋았던 음악에 대해 다른 사람들과
이야기하고 싶어하잖아요.
거기서 더 발전되면 평론이 되는 거고요.
저는 음악 평론이 상당히 자연스러운 일 같습니다."

김민형

"베토벤보다 인기 있던 작곡가들 대다수는 잊혔고
 베토벤은 여전히 큰 영감을 주고 있습니다.
 베토벤이 후대에 더 큰 영향을 미쳤습니다.
 지금 우리가 수준 높은 음악을 즐길 수 있는 데에는
 인기보다는 곡 자체에 더 몰두했던 작곡가들이 있었기
 때문이라고 생각합니다."

양성원

팔리는 클래식 음악이란
무엇일까

양 예술에서의 상업성은 제가 논의해보고 싶은 주제였습
니다. 문화예술계가 점점 더 상업성을 추구하는 방향
으로 나아가고 있습니다. 받아들일 수밖에 없는 현상
이어서 저 역시 그 '상업성'을 위해 계속해서 연주를
녹음하고 음반을 만들고 공연을 하고는 있습니다. 하
지만 제 나름대로는 정통 클래식의 틀에서 벗어나지
않으려 노력하고 있죠.
김민형 선생님은 상업적인 것과 무관한 분야에 종사
하고 계시지 않나요?

김 이유는 길게 말씀드릴 테지만, 간단한 결론은, 저는 상
업적인 것에 대해서 거부 반응이 별로 없습니다. 수학
을 공부하시는 교수님들도 상업성을 싫어하시긴 하는

데, 솔직히 저는 그게 왜 나쁜지 잘 모르겠어요.

양 그야, 문화예술 분야가 너무 상업적이면 본질은 잊고 마케팅의 노예가 될 수도 있으니까요.

김 정도의 문제 아닐까요? '너무 상업적이다'란 표현을 하고 비난도 할 수 있지만 상업적인 것 자체가 문제가 되는 경우는 많지 않다고 생각해요.

양 예술의전당에서 자체 기획 연주를 하는 건 구조적으로 매우 어렵습니다. 다른 도시, 다른 나라에서도 사정은 마찬가지일 거예요. 관객을 많이 모아서 표를 팔아야 직원들의 인건비도 나오잖아요. 기획 연주만 고집해서는 콘서트홀을 운영할 수 없을 거라 생각합니다. 관객을 더 많이 모을 수 있는 프로그램도 무대에 올려서 타협하기도 하고 콘서트홀을 대관하기도 하는 거죠. 자체 기획 연주로 사람을 불러 모을 수 있다면 가장 좋겠죠.

김 상업적인 것이 무언지에 대한 정의부터 해야겠군요.웃음

양 투자금 대비 이익이 나야 한다는 것입니다.
예술에는 문학적 가치, 철학적 가치가 있어야 하는데 연주자의 얼굴을 보고 팔릴 음악인지 아닌지를 판단하는 경우도 있습니다. 그 연주자의 음악적 성취가 낮더라도 말입니다. 연주자가 외모로 어필할 때가 종종 있다는 걸 부인할 수는 없어요.

저는 감동의 크기를 금전적 가치로 매길 수 없다고 생각하지만, 지금에서는 숫자, 그러니까 사람들이 눈으로 확인할 수 있는 것이 중요하죠. 대담하게 투자할 수 있는 현실이 아니에요.

김 그게 상업적인 것과 무슨 상관이 있죠?

양 공연 포스터에서도 음반 재킷에서도 무대 위에서도 연주자 이미지가 굉장히 중요해졌다는 거죠. 클래식 음악 연주자가 엔터테이너가 되어가고 있잖아요.

김 연주자와 엔터테이너가 다르다고 생각하세요?

양 엔터테인먼트는 철저하게 비즈니스죠. 하지만 연주자는 불멸의 명곡을 완성시키는 사람입니다. 작곡까지는 곡의 절반만 완성되고, 연주되었을 때 비로소 완벽하게 완성되는 거죠. 연주자에겐 곡을 잘 표현하는 게 더 중요하다고 생각해요, 외모 같은 것보다는. 상업적인 노선과 완전히 반대로 갈 순 없다는 것도 잘 압니다. 어느 정도는 대중에게 먹혀야만 아티스트도 커리어를 쌓을 수 있으니까요.

하지만 예술작품을 연주자가 표현하는 과정은 단순히 대중 영합적인 문제가 아니라, 인류에게 남겨진 선물을 현세대와 나누고 다음 세대까지 이어가는 문제라고 생각합니다. 따라서, 연주자보다 작품이 더 앞서야 하는 거고요.

김 연주자가 엔터테이너냐, 아니냐 하는 질문이 클래식이 상업적이냐, 아니냐 하는 질문과 같은 게 아닙니다. 지금은 후자에 대해서 궁금합니다. 정확히, 어느 부분이 마음에 안 드신다는 거예요?

양 마음에 안 든다기보다 걱정이 된다는 거죠. 문화예술 분야에서 상업성을 강조하면 연주자든 지휘자든 흑자를 반드시 내야 한다는 압박감을 느낍니다. 저는 그런 현실이 안타까워요.

상업적으로 성공하는 공연도 물론 있어야겠죠. 상업적 성공의 디딤돌이 되는, 실제로는 상업적이지 않은 사례도 있어야 한다고 생각합니다. 이는 비단 클래식 음악에만 해당되는 이야기는 아닐 거예요.

김 이야기가 나온 김에 대중화라는 말도 간단하게 정의하고 넘어갈까요? 대중화를 반대하신 것은 '음악을 너무 쉽게 만들 필요는 없다'는 뜻으로 말씀하신 거죠?

양 맞습니다. 음악의 급을 나눈 것은 아니고, 듣기 쉬운 음악만 연주하면 클래식 음악을 다양하게 즐길 기회가 사라지기 때문입니다. 저희가 소품이라고 부르는 곡들이 있어요. 그런 곡만 연주하면 클래식 음악의 격을 스스로 낮추는 꼴입니다.

김 쉽게 만들 수 있는 여러 방법 중에도 연주회 프로그램을 짤 때 길고 복잡한 곡은 아예 빼버릴 수도 있겠네요?

음악과 사회의 관계에 지대한 관심을 가졌던 철학자 아도르노도 양 선생님과 비슷한 고민을 했던 모양입니다. 음악을 쉽게 만드는 것을 굉장히 비판적으로 생각했습니다.

한편으로는 앞서 제가 말씀드린 것처럼, 대중 음악이라고 할 때의 대중화라는 게 있을 수 있겠습니다. 클래식 음악 안에서 쉽게 만들어진 음악과 그렇지 않은 음악의 차이를 대중화와 아닌 것의 차이로 설명하신 것처럼, 음악이라는 좀 더 큰 분야에서 대중 음악과 클래식의 차이를 명확히 하시는 것 같습니다. 대중 음악만 들으면 안 될까요?

양 각자에게 어울리는 음악이 있고, 살아가는 과정에서 그 음악도 변한다고 생각합니다. 제가 젊었을 때 들었던 음악과 지금 듣는 음악이 다릅니다. BTS 음악을 즐겨 듣는 팬들도 나중에는 취향이 바뀔지도 모르고요. 저희 부부가 클래식 음악을 하다 보니 아이들도 클래식 음악을 즐겨 듣긴 해도 '절대 대중 음악은 들어서는 안 돼' 이런 건 없습니다.

김 대중의 취향이 있듯이 평론가의 취향도 있겠지요?

양 네, '심각한 음악'이 다 평론가 취향은 아니고 평을 안 받는 음악도 있습니다. 본인의 의견이 없을 때 평론가

의 의견이 필요한 거고, 그다음 수준으로 가서 본인의
기준과 취향이 생기면 평론가의 의견은 점점 필요없
어지죠.

김 음악 평론가들에 대해서 부정적이시군요?웃음

양 부정적이라기보다 음악을 평론한다는 게 쉽지 않다고
생각해요.

만약 제가 어떤 미술작품을 보고 감동을 받고 평화를 느
끼면, 저에게 미술평론가들의 의견은 크게 중요하지 않
습니다. 자기 나름의 기준이 다른 누구의 의견보다 중요
하다는 이야기를 하고 싶었어요. 저는 어디까지나 음악
이 순간적인 예술이라고 봅니다. 오늘 연주, 내일 연주가
다른데 오늘 연주만 보고 쓴 글을 내일 연주를 볼 사람이
어떻게 참고힐 수 있을까요?

하지만 책은 리뷰를 보고 구매하기도 합니다. 저는 책
을 선택할 때 다른 사람의 이야기를 많이 참고해요. 책
을 읽고 나서는 다른 사람과 제 의견을 비교할 수 있잖
아요. 책이라는 공통된 텍스트가 있기 때문입니다.

음악에는 그런 공통 텍스트가 없습니다. 녹음된 곡을
공통 텍스트로 둘 수도 있겠죠. 하지만 '진짜' 감상은
라이브로 연주를 보고 들을 때만 가능해요. 그 순간에
만 느낄 수 있는 감동이 있습니다. 그 연주가 끝났을
때는 음악이 살아 있다고 생각할 수 없어요. 그저 작곡

된 곡만 있을 뿐이죠.

매일 연주해도 매번 다른 게 연주입니다. 두 번 재현할 수가 없는 음악을 가지고 평론을 할 수 있을지, 저는 잘 모르겠습니다.

하지만 젊은 아티스트들에게는 평론가가 필요합니다. 클래식 음악 애호가들은 그 평을 읽고서 그 아티스트에 더 관심을 가지고 또 찾아 들을 수도 있으니까요.

김 어떤 작업을 직접 하는 사람과 그 작업을 평하는 사람 사이에는 어쩔 수 없이 항시 긴장이 있는 것 같습니다. 수학에서도 마찬가지입니다. 수학자와 수학철학자의 입장이 완전히 다르거든요. 둘 사이 대화도 통하지 않고 사이도 나쁩니다.

수학철학자들은 수학자들이 수학을 하고 있을 뿐 수학을 한다는 게 무엇인지 이해하지 못한다고 말합니다. 그러니까 자신들은 수학을 한다는 것의 의미를 알고 있다는 거죠. 틀린 관점은 아닙니다. 말하자면 서로의 역할이 있는 거죠.

수학자와 수학철학자의 관계는 음악에서의 연주자와 평론가의 경우와는 약간 다른데요, 저는 훨씬 더 일상적인, 일반적인 관점에서 말씀드릴 수 있습니다.

현장에서 음악을 듣고 평하는 것 자체가 굉장히 특별한 액티비티가 될 수 있다고 생각합니다. 레코딩을 듣건 연주최 현장에서 듣건 간에 사람들은 자기가 듣고서 좋았던 음악에 대해 다른 사람들과 이야기하고 싶어하잖아요. 거기서 더 발전되면 평론이 되는 거고요. 저는 음악 평론이 상당히 자연스러운 일 같습니다.

양 '자신이 들었던 좋은 음악에 대해 이야기하고 싶은 마음에서 평론을 하게 된다.' 매우 순수한 출발점인 것 같습니다.

김 네, 평론이 현실과 너무 동떨어질 수도 있겠지만 출발점 자체는 순수하죠.

이야기가 나온 김에 대중 음악에 관해서 재미있는 이슈를 던진 사례를 하나 말씀드릴게요. 비평과도 연결할 수 있는 이야기인 것 같아서 소개하겠습니다.

2016년에 밥 딜런이 노벨문학상을 받았잖아요. 잘 아시겠지만 그 사건에 대해서 의견이 분분했습니다. 밥 딜런의 가사를 자세하게 연구한 크리스토퍼 릭스 Christopher Ricks라는 문학비평가가 있습니다. 밥 딜런이 노벨문학상을 받는 데 그가 지대한 역할을 했다고 봅니다. 문학비평가 중에서도 존경받고 있다고 알고 있습니다. 그렇게 좋게 분석하는 이가 있는 반면 나쁘게 보는 이도 물론 있습니다.

밥 딜런의 노벨문학상 수상에 대해 사이먼 아미티지 Simon Armitage라는 시인이 강연을 했습니다. 그가 옥스퍼드대학교에서 '프로페서 오브 포에트리'라는 중요한 자리에 임명됐을 때입니다. 그 교수의 임무는 1년에 몇 번 대중 강연을 하는 것입니다.

임명된 후 첫 번째 대중 강연에서 바로 이 노벨문학상을 거론했습니다. 사이먼 아미티지는 밥 딜런의 노벨문학상 수상을 비판적으로 접근했습니다.

저는 그 이유가 재밌었는데요. 요지만 말씀드리면, 밥 딜런의 가사가 굉장히 보수적이라는 거예요. 정확하게 그렇게 표현했습니다.

이 말에 여러 의미가 함축되어 있습니다. 좋은 시라는 것은 혁신적인 시라는 것. 그러니까 양성원 선생님의 대중에 대한 의견과도 연결이 됩니다. 혁신적인 시는 어려운 시일 수밖에 없지 않을까요? 다른 언어를 쓰고 다른 관점으로 쓴 시라면 대개는 대중에게 어렵게 보일 거예요. 제가 시인은 아니지만 이해는 됩니다.

시의 주제를 고르는 것, 적합한 단어를 고르는 것, 단어에서 문장으로 나가는 것, 문장으로부터 문단을 만드는 것, 이 모든 단계에서 모든 것이 새로워야 한다는 압박을 느끼는 것이 시인의 숙명인데, 밥 딜런은 그런 부담을 지지 않았다는 거죠. 그는 사람들이 일상적으로 듣고 좋아할 만한 가사를 썼을 뿐이라고요.

사이먼 아미티지는 더 나갔습니다. 음악에서 반복은

중요한 문제잖아요. 어느 정도 반복하는 게 좋을지에 대해서도 의견이 다르고요. 적당한 반복은 괜찮다고 보는 사람도 있는데, 아미티지는 밥 딜런의 가사 반복에 대해서도 비판했습니다. 그것도 재미있는 관점이었습니다.

양 예술가에겐 대중에게 팔려야 한다는 압박이 없을 수 없습니다. 그런 압박 때문에 청각적으로 그저 관심을 끌기 위한 음악을 하는 경우가 있다고 봅니다. 저는 그것이 진짜 음악이라는 생각은 들지 않아요. 그들은 색다른 것을 추구하려고도 에쓰고 있습니다. 그런데 '색다름'이라는 하나의 목적에만 매몰되어 있는 것 같기도 해요. 이렇게 해서라도 대중에게 팔려야 한다는 압박감이 표현됐을 뿐인네도요.

김 '진짜 작품은 따로 있다' '당신들은 팔리기 위한 작품을 만든다'고 비판하는 사람 중에 이런 사람도 있습니다. 자신이 보기에 진짜라고 할 만한 어려운 작품을 만들면서, 그 작품이 대중에게 안 팔리니까 때때로 상투적인 작품을 만들곤 하는 사람들입니다. 이게 더 상업적이라는 비판이 있습니다. 아르보 패르트Arvo Pärt▼ 같은 사람도 그런 면에서 상업적이라는 비판을 받기도 합니다. 제 말은, 작정하고 대중에게 잘 팔리는 작품만 만드는 쪽, 그리고 대중에게 어필하지 않는 '진짜' 작품을 쓰면서 가끔 대중에게 팔리는 작품을 만드는 쪽, 둘 중 어느 쪽이 상업적인지, 어느 쪽이 '진짜'인지 판단하기는 어렵지 않냐는 것입니다.

▼ 에스토니아의 현대 음악 작곡가.1935~ 클래식 음악, 종교 음악을 주로 작곡하며, 그의 곡은 영화나 연극의 배경음악으로 많이 사용된다. 중세와 르네상스 성가에서 힌트를 얻어 '틴틴나불리'라는 새로운 작곡 스타일을 만들어냈다. 기본 3화음을 사용하여 단순하고 영적 감수성을 끌어 올린다는 특징이 있다.

양 어려워진 것 같습니다.

김 어려워졌다고 하시니까 다시 여쭤보겠습니다. 과거에는 안 어려웠나요?

양 요즘에는 너무 숫자만 쳐다보니까요, 유튜브 조회 수나 CD 판매량에만 너무 집중하니까요. 그러면 예술적 가치를 추구하는 것보다 클릭을 유도하는 데 더 신경을 쓰지 않겠냐는 거죠. 본인이 의식하든 안 하든 간에요. 모차르트가 사람들을 놀라게 하고 웃게 하는 공식을 알고 있다고 하셨잖아요? 음반사도 마찬가지입니다. 더 많이 팔리는 레퍼토리를 가지고 있어요.

저는 음반사 요청을 경청하지만, 저와 맞는 음악을 녹음하는 게 궁극적으로는 더 좋지 않을까 생각합니다. 저는 더 많이 팔린다는 레퍼토리에 큰 매력을 못 느끼거든요. 제가 매력을 느껴야 더 좋은 연주가 나오지 않겠어요? 제가 백 퍼센트 신뢰하는 음악을 녹음하는 게 클래식 음악 애호가들에게도 더 좋고요.

작품이 많은 사람들에게 노출되고 값이 오르고 그러면 더 유명해지고 하는 현상이 씁쓸합니다. 제프 쿤스Jeff Koons▼의 작품만 놓고 보자면 제 취향은 아닙니다.

김 보기에 따라서 소위 진리를 더 추구한 작품, 덜 추구한 작품은 있을 수 있습니다. 그리고 또 진리보다는 외부의 압력, 그러니까 시장의 요구를 더 따르는 작품도 있고요. 외부의 압력이 꼭 시장의 압력뿐일까요?

압력의 성질은 사회가 바뀌면서 바뀐다고 생각하는데요. 제가 궁금한 건, 양성원 선생님이 지금의 예술가들이 느끼는 압력이 19세기 예술가들이 느꼈던 압력보다 더 나쁘다고 생각하시는 이유예요.

양 19세기에는 순수 예술에 대한 가치가 달랐습니다.

김 어느 시대건 대부분은 순수 예술에 관심이 없지 않을까요?

양 오스트리아-헝가리 제국 시대 빈에서 활동하던 작곡가들은

▼ 미국의 설치미술가. 1955~ 자신의 성행위를 묘사한 조각으로 논란을 일으키는가 하면, 동물 모양의 풍선 조각이 전 세계 유명 브랜드의 아트 마케팅으로 활용되는 등 다양한 작품 활동을 하고 있다. 2019년 뉴욕 크리스티 경매에서는 〈토끼〉로 살아 있는 예술가의 작품으로는 최고의 경매가를 기록하기도 했다.

더 나은 가치를 추구했다고 봅니다. 빈이 음악의 수도
가 될 수 있었던 이유입니다. 순수 예술에 더 헌신했습
니다.

하이든은 에스테르하지 궁전에서 30여 년간 일했습니
다. 모차르트, 브람스, 슈베르트도 빈에서 활동했습니
다. 빈에서 상당히 적극적으로 순수 예술을 지원했기
때문이죠. 르네상스 시기 이탈리아의 메디치 가문도
순수 예술이 꽃필 수 있게끔 지원했죠. 적어도 지금보
다는 높은 수준이었다고 봅니다.

요즘은 순수 예술에 대한 부정적 이미지가 있습니다.
엘리트주의라고 깎아내리죠. 제가 보기에는 그런 엘리
트주의가 순수 예술의 격을 높여줄 수 있습니다. 과거에
는 그런 작품을 만들어내는 사람들에 대한 존경심도 지
금보다 높았다고 생각합니다. 이탈리아 메디치 가문,
헝가리 에스테르하지 가문, 영국과 독일의 로열아카데
미아츠, 그리고 심지어 성당에서도 이런 작품을 높이
평가했어요.

김 저는 동의하기 어렵습니다. 순수 예술에 대한 선망이
나 존경이나 지원 정도를 이야기하기에 당시 여건은
좋은 참고 사례가 아닌 것 같습니다.

르네상스 사회는 돈이 중요한 사회였습니다. 잘 알려
진 이야기로, 르네상스 시기 화가들도 오로지 특정 귀

족을 위해 그림을 그렸습니다. 더 좋은 페인트를 사용
하려면 지원받기는커녕 자기 돈을 써야 했고요. 이런
기록들이 많이 남아 있습니다.

구체적인 사회적·경제적 조건을 따지면 많이 복잡하
니까, 아주 간단하게는 이렇게 말할 수 있을 것 같은
데요.

<u>그 시절과 지금의 차이는 몇몇 귀족에게 잘 보이느냐, 대
중에게 잘 보이느냐의 차이라고요. 먹고살아야 하는 문
제는 동일했고, 그래서 외부 압박도 동일했습니다. 현대
로 올수록 창작하는 사람들이 점점 더 많아지면서 경쟁
은 피할 수 없었을 거예요. 근본적으로 다른 건 소수의 압
박을 받느냐, 다수의 압박을 받느냐였습니다.</u>

맞는 말인지는 모르겠지만, 제 의견에 대해서 어떻게
생각하시나요?

양 창작하는 사람들이 많아졌다는 사실은 부인하지 않습
니다. 창작품을 즐길 수 있는 사람들도 그만큼 더 많아
졌죠. 하지만 진짜 자기만의 정체성을 가지고 자기만
의 언어로 음악하는 사람은 드물어졌다고 생각해요.
창작하는 사람이 많아졌다고 해서 자기 스타일을 제
대로 구축하는 사람도 그만큼 많아졌느냐? 그건 아니
라고 생각하고요.

김 그건 더 따져봐야 하는 문제라고 생각합니다. 사회 여

건이 그때가 더 좋았다는 말씀에는 동의하기가 어렵습니다.

양 더 정확하게는, 다르다고 봐야겠죠. 현악 사중주라는 장르를, 하이든은 완벽에 가깝게 만들어놓았고 베토벤은 이상에 가깝게 만들어놓았다는 평가를 받습니다. 그런데 그 두 사람이 곡을 만들었을 때는 콘서트홀에서 자주 연주되지는 않았어요. 대중적인 인기가 없었다는 거죠.

그럼에도 베토벤은 자기 작품을 두고 "당신들을 위한 게 아니고 다음 세대를 위한 음악이다"라고까지 했어요. 1826년 3월 〈그로스 푸가Grosse Fuge〉라는 작품 초연 때였습니다. 사람들이 너무 어렵다고 이해하지 못하겠다고 하자 그 곡에 그런 메모를 남겼죠.

김 그건 베토벤이 유명해진 다음의 이야기잖아요.

양 그렇죠. 하지만 당시에는 베토벤이 최고로 잘 팔리는 작곡가는 아니었습니다. 그때는 이탈리아 오페라 작곡가들이 잘나갔습니다. 케루비니, 로시니, 베르디의 티켓 파워가 훨씬 셌습니다.

지금에 와서는 어떤가요. 베토벤보다 인기 있던 작곡가들 대다수는 잊혔고 베토벤은 여전히 큰 영감을 주고 있습니다. 베토벤이 후대에 더 큰 영향을 미쳤습니다. 지금 우리가 수준 높은 음악을 즐길 수 있는 데에는 인기보다

과거의 상황이 지금의 상황보다 더 좋냐고 물어보시면, 잘 모르겠네요.웃음

바흐는 첫 번째 부인이 세상을 떠났을 때 여름 휴가 중이었어요. 그래서 휴가를 다녀온 다음, 무려 3주 후에나 부인이 별세했다는 걸 알게 됐습니다. 하이든은 거의 30년 동안 에스테르하지 왕궁을 위해서만 작곡했습니다.

김 사회가 더 좋다, 더 나쁘다는 판단하기 어렵겠습니다. 제가 궁금했던 것은 과거에 음악에 대한 지원이 지금보다 더 강했느냐 하는 것입니다.

양 물론입니다. 그렇습니다.

김 그건 어떻게 확신하시나요? 작곡가, 연주자 할 것 없이 스폰서가 없으면 가난하게 살았습니다. 대중에게 어필하고자 하는 작곡가와 소수 귀족에게 어필하고자 하는 작곡가 간 차이가 있다는 말씀인지요?

양 당시에도 먹고살기 위해 작곡하는 사람이 당연히 많았지요.

김 그러면 어째서 그 당시에 '진짜' 음악을 위한 사회적 지원이 더 강했다는 건가요?

양 더 강했다기보다 더 중요시됐다고 생각합니다. 당시에

는 음악 시장이라는 게 존재하지 않았습니다. 바흐 같은 경우는 한 왕궁에 소속된 감독으로 월급을 받고 연주를 해야 했어요.

김 특혜를 받은 거죠?

양 그다지요. 바흐가 활동하던 시기에 바흐보다 더 유명한 작곡가들이 있었습니다. 헨델은 런던에서 어마어마한 부와 유명세를 누렸거든요.

김 더 높은 사람과 비교했을 때야 그렇지, 고정직을 꿰찬 사람에게 특혜가 없었다고는 할 수 없어요.

양 하이든도 고정직으로 일했습니다. 모차르트는 그러지 못해서 금전적으로 큰 어려움을 겪었습니다. 작곡과 연주로 어떻게라도 버텼어요. 베토벤에게는 확실한 지원이 있었습니다. 베토벤의 능력을 신뢰한 귀족들, 그리고 슈판치그라는 친구가 있었습니다. 그가 없었다면 베토벤이 현악 사중주를 작곡할 수 없었을 거라고 봐요. 베토벤을 지지했던 사람이 있었기에 베토벤이 있을 수 있었고, 베토벤이 있었기에 베토벤 이후에도 훌륭한 작품들이 많이 나올 수 있었다고 생각합니다.

이런 다른 이야기지만, 제가 베토벤의 소나타와 변주곡을 녹음하면서 생각한 건, '이 곡들이 없었다면 첼로라는 악기가 존재할 수 있었을까' 하는 것입니다. 바흐가 없었다면?

우리가 위대한 곡이라고 칭하는 데는 이유가 있습니다. 곡 하나로 악기의 위상이 달라지는 거죠. 베토벤이 첼로와 피아노를 위한 소나타를 작곡하지 않았다면, 바흐가 첼로를 위한 곡을 만들지 않았다면 어떻게 됐을까요? 세상은 문제없이 굴러갔겠지만 예술이 더 발전했을까 자문해볼 땐 대답을 못 하겠습니다.

명곡의 탄생에 과거 그 작곡가들에 대한 존경심이랄지 존중이랄지 하는 것이 절대적으로 영향을 미쳤다는 게 제 생각입니다.

김 그건 어느 정도는 결과론적으로 생각할 수 있는 문제입니다. 그리고 언급하신 작곡가들과 작품들의 중요성에 대해서는 저도 전적으로 동의합니다. 제가 그 점에 반론을 제기히는 것은 아닙니다.

과거와 현재를 비교하는 게 어려운 것은, 저희가 과거의 특정한 상황만 기억하기 때문입니다. 즉 잘 알려지지 않은 상황과는 비교할 수가 없다는 거예요. 과거에 대해 우리는 다 알지 못해요. 그에 비해 우리는 현재의 상황에 대해서는 잘 알고 있어요. 그런데 지금의 일반적인 상황과 과거의 특별한 상황을 비교한다는 것 자체가 말이 안 되지요. 그래서 과거가 더 좋았다는 의견은 저로서는 받아들이기가 어렵습니다.

양 그렇겠네요. 다른 면만 보면 지금이 더 좋을 수도 있습니다. 교수라는 직업을 가지고 연주를 할 수도 있고 오케스트라 노조도 있어서 단원들이 목소리도 낼 수 있고요.

김 음악뿐 아니라 수학도 그렇습니다. 19세기 가장 뛰어난 수학자라 불리는 가우스Johann Carl Friedrich Gauß는 브라운슈바이크에서 태어나서 자랐습니다. 신동으로 이름났던 그는 계몽주의 시대의 전형적인 군주였던 브라운슈바이크 공작 카를 빌헬름 페르디난트의 관심을 끌었습니다. 그래서 그 공작은 노동자였던 가우스의 아버지의 반대도 무릅쓰고 가우스를 대학에 보내주고 계속 금전적으로 지원했다고 합니다.

가우스의 연봉을 올렸더니 시민들이 항의했다는 이야기도 있습니다. 이런 쓸데없는 사람의 월급을 올려주는 것은 낭비라고. 그 시절 가우스는 상상도 할 수 없었을 겁니다, 지금처럼 많은 사람이 교수직을 가지고 수학을 연구할 수 있는 환경을.

베토벤도 빈에서 본으로 돌아갈 때 돈을 끌어모으려 애쓰지 않았나요?

양 오스트리아-헝가리 제국이 무너지는 와중이어서 베토벤은 빈을 떠나려 했었죠. 1815년에 노르웨이 국왕이 베토벤에게 좋은 제안을 하기도 했고요. 실은 빈을 떠날 생각은 없었는데 귀족들의 후원이 끊기니 어쩔 수 없었을 겁니다.

김 베토벤을 학자로 치면 노벨상 수상자 중에서도 가장 높은 등급에 속하는 사람인데, 당시에 그 정도로 큰 경제적 불안을 안고 살았다는 게 상상도 안 됩니다.

양 지금은 말도 못 하게 좋은 세상이죠.

김 그런 점에서 상업적인 압력은 과거에 비해 줄었다는 게 제 의견입니다.

양 동의합니다. 작곡가뿐 아니라 학자들이 어떻게 생계를 유지했을까 싶네요.

김 칸트 같은 경우에는 40대 중반까지 강사로 살았습니다. 대학에서 급여를 받지 않고 자신의 강의를 듣는 학생들에게 직접 수강료를 받았습니다. 교수가 되기 전까지 불안한 삶을 살았던 거죠.

양 모차르트도 마찬가지입니다. 베토벤, 슈베르트도 피아노 레슨을 하며 생계를 이어갔죠.

김 조사이아 윌러드 기브스Josiah Willard Gibbs는 19세기 미국에서 가장 뛰어난 과학자로 꼽힙니다. 미국의 첫 번째 세계적인 과학자라고 불려요. 평생 뉴헤이븐에 살았고 예일대학교에서 가르쳤습니다. 교수로 임용되고 나서 9년 동안 월급 없이 학생들을 가르쳤어요. 기브스가 존스홉킨스대학교로 옮기겠다고 하니까 그제서야 예일대학교에서 그에게 월급을 주기 시작했습니다. 학자의 삶이 불안하기 짝이 없었던 거죠.

양 전반적으로 모든 사람의 모든 일터가 과거에 비해 훨씬 좋아진 건 맞습니다.

김 특히 고급 인력에 대한 대우는 비교할 수 없을 정도로 좋아진 것 같습니다.

양 사회적 여건이 더 좋아졌다고 해서 더 좋은 작품, 더 좋은 연구가 나오는 건지는 잘 모르겠지만요. 단편적인 생각일 수도 있습니다. 지금은 스스로 답을 구하는 과정이 없습니다. 구글이나 인공지능이 답해주는데 왜 다른 방식으로 답을 찾으려는 수고를 하겠습니까?

저는 이런 상황이 음악을 할 때도 펼쳐지는 것 같습니다. 연주자들이 자기만의 소리를 찾는 노력을 덜 한다고 느낍니다.

우리는 과거에 비해 더 좋은 세상에 살고 있지만 그만큼 스스로 질문하고 답을 찾는 과정은 사라져간다고 봅니다.

김 저는 수학에만 한정해서 말씀드릴 수 있겠습니다. 제가 학생이었을 때와 지금 교수로 있는 때를 비교해보면 수학은 엄청나게 발전했습니다. 근 40년간 제가 경험한 바에 의하면 확실히 그렇습니다. 정보에 대한 접근성이 좋아지면서 그 정보로 더 많은 발전을 이루었다고 생각합니다. 특히 젊은 친구들은 빠른 속도로 작업하게 됐고, 협업도 꽤 잘합니다.

구글의 역할에 대해서 따로 말씀 안 드렸었나요? 젊은 세대와 나이 든 세대를 비교하는 말 중에 농담 아닌 농담이 있습니다. '우리 부모들은 실제 세상 정보에 대해 이견이 있으면 누가 맞는지 확인할 길이 없었다.'

틀린 정보를 권위 있게 말하는 사람이 많습니다. 젊은 사람들 눈에는 그것이 틀린 말이고, 거짓말은 금방 탄로납니다. 부모 세대들은 그걸 모르고 그 정보를 믿거든요. 세대 차이라고도 할 수 있겠습니다.

구글을 언급하셔서 저도 덧붙였습니다. 저는 전반적으로는 높은 정보 접근성에 긍정적인 효과가 더 많은 것 같습니다.

양 정보를 살 활용하는 사람도 물론 있겠죠. 그러나 제가 보기엔 인터넷에 잘못된 정보가 너무 많습니다.

김 같은 말인데, 정보를 활용하기 어려워하는 사람도 있죠. 도구의 문제는 아니라는 생각이에요.

양 젊은 친구들이 정보를 제대로 활용하는 것 같지는 않습니다. 단순히 정보의 옳고 그름을 쉽게 확인할 수 있다고 해서 자기 길을 잘 찾을 수 있을까요? 그건 다른 문제라고 생각합니다. 자기 생각을 정립하고 길을 찾는다는 것은 그때도 그렇고 지금도 어렵기는 마찬가지입니다.

김 수학 분야만 놓고 보면 학생들의 전반적인 수준은 높
아졌습니다. 훌륭한 논문을 발표하는 친구들이 더 많
아지기도 했습니다. 그래서 진짜로 중요한 게 뭐냐고
계속 파고들 수는 있겠지만 어느 지점에 이르러서는
그 질문도 의미가 사라져버립니다.

제가 여름마다 고등과학원엘 갑니다. 외국에서 활동하
는 한국 학자들을 위한 프로그램 중 일부입니다. 그래
서 한국에서 세계 최고 수준의 학자들을 만날 기회가
항상 있습니다.

양 그분들을 보면서 수학자들은 어떤 꿈을 꿀까요? 사회
적으로 인정받는 것, 교수직 같은 좋은 일자리를 찾는
것, 수학자로서 권위를 쌓아가는 것, 그런 것들일까요?

김 권위나 지위가 중요하지 않을 순 없죠. 대부분의 사람
들에게는 그런 동기가 당연히 있다고 봅니다.

제가 관찰한 바로는, 특히 우리나라의 뛰어난 수학자
들에겐 흥미가 가장 큰 동기인 것 같습니다. 흔히 '너
드'라고 하잖아요, 자기가 하는 일 말고는 세상사에 대
해 잘 모르고 사람들과 어울리는 것에도 관심도 없는.
그런 면이 그들에겐 있어요. 자기가 하고 싶은 것이 분
명하고 흥미도 느끼고 노력도 하고. 무엇을 성취할 것
인가, 사회에서 통용되는 기준이 있고 그럼에도 스스
로의 기준도 가지고 있는 거죠.

수학을 꽤 잘한다는 중고등학생들 중에 난제를 풀겠
다는 목표를 말하는 이들이 있습니다. 이건 사회 분위
기를 따른 면이겠지요. 지속적으로 잘하는 이들은 그
래도 자기가 좋아해서 하는 사람들입니다.

두루 아는 것과
깊이 아는 것은 어떻게 다를까

양 상상력을 자극하는 것만으로도 예술의 쓸모가 충분하다고 저는 생각합니다. 세상은 물질적인 것, 증명할 수 있는 것만으로 이루어지지 않았거든요.
김민형 선생님이 10대, 20대에 클래식 음악에 심취한 경험이 이후의 삶을 꾸려나가는 데 영향을 미쳤을 거예요. 음악을 집요하게 파고들고 음악을 풍부하게 느끼면서 물질로는 채울 수 없는 만족감을 느꼈을 거라 생각합니다.

김 몰입의 정도로 보면 지금의 젊은 세대가 저보다는 더 한 것 같습니다. 음악을 항상 듣고 적극적으로 찾고 음악에 대해서 이야기를 나누잖아요.

양 저는 좀 다르게 생각합니다. 어떤 아티스트가 노래를 발표했다고 하면 음악 스트리밍 사이트를 통해 전 세계에서 동시에 즉각적으로 들을 수 있습니다. 하지만 김 선생님에게는 어느 아티스트의 음반을 구입하고 나서 다음 음반을 주문하고 또 기다리는 과정이 있었어요. 기다리는 그 과정이 더 좋았다고 말하는 건 아닙니다. 하지만 기다리는 과정에서 음악을 계속 생각하고 들으면서 음악이 몸에 밸 수 있었다고 봐요.

지금 세대는 너무나 쉽게 음악을 듣잖아요. 김 선생님은 음악을 업으로 삼는 사람들보다 더 열심히 들으셨고, 그에 대한 조예가 더 깊은 것 같습니다.

김 과분한 말씀입니다.

양 특히 연주를 업으로 하는 전공자들 중에 연주할 때 틀리지 않으려고만 애쓰는 분들이 있습니다. 그래야 더 좋은 학교에 진학할 수 있고 콩쿠르에서 수상할 수도 있으니까요. 음악을 즐기는 것보다 잘하는 것에 초점을 맞추고들 있습니다. 음악을 정말 안다고 할 수 있을지 모르겠습니다.

반면에 음악을 음악답게 즐기는 애호가들이 있습니다. 여러 예를 들 수 있지만, 동경대학교 물리학과 교수 지인이 있는데, 그분이 1년에 한두 번씩 클라리넷 공연을 올립니다. 연주자로서 아마추어일지는 몰라도 음악을 즐기는 데는 프로라는 생각이 들어요.

김 수학에서도 당연히 비슷한 현상이 있습니다. 수학을 하는 것과 수학을 아는 것은 다른 문제니까요. 수학을 하는 사람과 수학을 아는 사람에게 필요한 능력이 다릅니다. 수학적 창조력은 전자가 더 높다고 할 수 있어요. 수학에 대해 다양하게 공부하는 사람은 창조력이 뛰어나지는 않은 경우도 많거든요.

뭐가 더 좋다, 나쁘다고 판단하기는 역시 어렵습니다. 수학 공부를 하는 학생들을 보면서 제가 느끼는 건데, 우리나라 학생들은 시작 단계에서부터 많은 것을 알고 싶어해요. 자기가 관심 있는 어떤 특정한 것에 대해 파고들기보다 처음부터 이것저것 많이 알고 시작하려고 하죠. 장점이자 단점입니다. 다양하게 알아서 잘되면 좋지만, 막히는 경우를 더 많이 본 것 같습니다.

수학 공부하는 학생들을 가르치다가, 좀 거친 표현으로, '이것도 몰라?' 하는 생각을 할 때가 있습니다. 그런데 그게 다는 아니거든요. 그것도 모르기 때문에 자기가 좋아하는 것을 잘할 수도 있거든요.

양 한국에서는 기술적으로 어려운 곡을 빠르고 정확하게 연주하면 점수를 잘 받는 편이에요. 하지만 음악을 표현하는 건 이것보다 더 어려운 문제인데요. 수학 쪽에선 어떤가요?

김 수학에 바로 대입하긴 어렵지만, 제 경험으로만 말씀드리면, 수학을 두루두루 많이 공부해서 상당한 지식을 가지고 있으면서 수학 분야 뛰어난 업적을 남긴 사람은 극소수입니다. 물론 예외는 있습니다. 나이가 들면서 더 많이 배우고 더 많이 교류하면서 지식을 쌓기도 하니까요.

제가 알기론 물리학자도 마찬가지인 것 같아요. 노벨상 수상 수준까지 올라가는 물리학자라면 몰입을 잘해야 합니다. 두루 알기보다 깊이 알고 있죠.

필요할 때 필요한 공부를 하면서 지식을 습득하면 되지, 처음부터 뭘 그렇게 많이 알아야 하느냐고 생각하는 사람들이 많습니다.

양 보통은 많은 경험을 하라고, 많은 지식을 쌓으라고 말하는데 말입니다. 특히 성공하는 데 도움이 되는 경험과 지식을요. 시험, 입시, 구직, 승진 등을 위해서죠.

김 사회적으로 성공하기 위한 여러 목표 중에 노벨상 수상도 포함된다고 생각합니다. 그 급이 다를 뿐이지 노벨상 수상도 성공의 지표이긴 마찬가지입니다.

두루 아는 것과 한 가지를 파고드는 것을 다른 시각에서도 살펴볼 수 있습니다. 인류 문명에 누가 더 기여를 할 수 있느냐는 관점에서 생각해보면 어떨까요? 다양한 것을 알면 나에게는 좋지만 다른 사람에게 줄 수 있는 것은 적죠. 특화된 지식을 쌓아서 특정한 업적을 성취할 수 있으면 그게 사회에 더 좋은 것 아닐까요?

저도 학생들에게 다양한 것을 공부하라는 조언을 하기도 합니다. 저는 그것이, 그들의 업적을 위해서가 아니라 그들 각각의 행복을 위해서 더 중요하다고 생각하기 때문입니다. 사람에 따라서 한 가지만 파고드는 것에 행복을 더 느끼기도 하니까, 일률적으로 말할 수는 없지만요.

천재적 재능은
언제 발현될까

양 또래보다, 아니 어지간한 성인보다 더 잘하면 신동이라고들 하지요. 열 살짜리가 차이콥스키의 콘체르토, 리스트의 에튀드, 비흐의 골든베르크를 연주할 수 있다면 다들 놀라워하고 계속해서 그 곡들을 치게 합니다. 그 과정에서 자기 색을 찾을 기회가 있느냐, 용기가 있느냐? 거의 없는 것 같아요.

김 네, 어려울 것 같습니다. 신동들이 겪는 어려움도 있겠지만, 제가 지적하고 싶은 것은 문화적 보수성 때문에 잠재력을 잃어버리는 것 같기도 하다는 거죠.

양 맞습니다. 수학은 어떤가요? 어릴 때 난제를 척척 풀다가 나이가 들어서는 그 잠재력에 비해 성공하지 못했다는 평가를 받는 수학 신동들도 있겠죠?

김 수학이라고 크게 다르지 않습니다. 어릴 때 잘한다는 것은 문제 풀이에 강하고 시험을 잘 친다는 의미거든 요. 기발한 아이디어로 문제를 푸는 것과 학문적으로 성장하는 것 사이에는 상당한 간극이 있습니다.

신동에서 다음 단계로 넘어가지 못하는 사람들이 상 당해서, 수학자들도 그런 신동들을 어떻게 키우면 좋 을지, 어떤 기회를 주어야 할지 하는 주제로 이야기를 많이 합니다.

양 수학 신동이나 음악 신동이나 사회의 압력을 이겨내 지 못하는 건 마찬가지네요.

김 사회의 압력이라고 할 수 있죠. 개인적으로 접근하면, 자기가 잘하는 것을 계속 잘하고 싶어하거든요. 더 높 은 수준으로 올라가려면 자기가 배우고 익히는 과정, 그러니까 남들에 비해 못하는 과정을 거쳐야만 하는 데 그걸 못 견디는 걸 수도 있죠. 어릴 때 너무 잘하면 모험심이 줄어들긴 하는 것 같습니다.

양 빅토르 위고가 베토벤에 대해서 쓴 글이 있습니다. "그는 무한을 들었다. 그는 가장 위대한 음악가였다. 그 청각장애가 천재성을 죽일 수 있었는데도 놀랍게 도 그는 이겨냈다. 베토벤은 영혼의 웅장한 증거다. 영 혼과 육체의 불일치가 베토벤에게 나타났다. 마비된 육체, 날아간 영혼, 아, 영혼을 의심하는가? 그렇다면 베토벤의 음악을 들어라. 이 음악은 청각장애의 발산이다."

김 수학 신동은 좀 다른 것 같습니다. 자기 안으로 더 들어가려는 경향이 있어요. 저는 오히려 그들이 세상을 더 접하는 게 좋다고 생각해요.

양 연구하는 과정에서 혼자 보내는 시간이 많아져서 자기 안으로 파고드는 건가요?

김 파고든다는 표현이 맞는지도 잘 모르겠습니다. 제가 말씀드린 건, 어려운 문제를 풀어내는 데 집중하고 점점 더 어려운 문제를 찾아다니는 경향이 있다는 거였어요. 그런데 그걸 너무 잘하다 보면 수학 문화를 배우고자 하는 의지가 사라져버려요.

그것을 극복해서 뛰어난 성과를 낸 수학자들 가운데서 그때의 어려움을 매우 상세히 고백하기도 합니다. 대표적으로는 테렌스 타오Terence Tao라는 수학자입니다. 전형적인 신동이었죠. 열한 살 때부터 어려운 문제를 척척 풀어냈습니다. 성숙한 수학자로 자라는 과정에 대해 많은 글을 썼습니다. 그 친구는 신동에 머물지 않고 뛰어난 수학자가 된 대표적인 사례입니다.

양 신동이 참 많죠. 정말 신동이 많은 건지, 아니면 자기 아이를 신동이라고 믿는 부모가 많은 건지 모르겠습니다.웃음 신동의 잠재력을 캐낼 수도 있다는 면에서는 부모의 서포트가 중요하긴 합니다.

연주를 위해
무엇을 갈고닦을 것인가

김 연주할 때 곡의 이론적인 면, 감정적인 면, 연주 테크닉 외에도 신체적인 움직임에 대해서도 신경을 많이 쓰시죠?

양 '프렐류드'를 아는 사람이 많은 만큼 더 잘 연주해야 하는데, 저는 주로 어떻게 하면 가장 투명하고 가장 맑게 연주할 수 있을까 고민합니다. 결국은 신체적인 조건하에서 그런 연주가 나옵니다. 몸으로 악기를 다루고 있으니까 제 몸을 컨트롤하는 것, 그리고 컨트롤하는 방법을 설명하는 것이 제 직업이죠.

첼리스트로서, 저는 제 연주를 음악의 흐름에 따라 한 팔에서 다른 팔로 체중을 매끄럽게 옮기는 균형의 춤이라고 생각합니다. 이 섬세한 움직임을 통해 제 몸과 감정과 김 그러면, 평소에 운동도 많이 하시나요?

양 운동을 하지 않으면 연주를 오래할 수 없으니까요. 학
생들에게도 이 점을 강조하고 있어요. 피해야 하는 운
동도 있는데, 보디빌딩처럼 근육을 뭉치게 하는 운동
이 그렇습니다. 저희 연주자들에겐 근육을 늘려주는
운동이 좋습니다. 예를 들면 수영이 그렇죠. 수영을 하
면 첼로나 바이올린을 켤 때 쓰는 근육이 발달해요.

김 재클린 뒤프레는 신체적 제약이 있었다고 알고 있습
니다.

양 엘가의 곡을 녹음할 때는 그렇지 않았어요. 다발성 경
화증을 앓기 시작한 건 그로부터 한참 뒤입니다. 녹음
은 1965년이었고 은퇴는 1973년이었습니다. 은퇴 2년
전에 다발성 경화증이 악화되었고 그다음해에 안식년
을 가졌습니다만 결국은 은퇴를 해야만 했죠.

김 그 병을 앓기 전에 대부분의 곡을 녹음했다는 거군요?

양 젊고, 모든 감정을 다 감당할 수 있는 신체적 조건하에
서 녹음된 곡들이 대다수죠.

김 남녀의 차이도 있나요? 아무래도 신체 조건이 다르잖
아요.

양 재클린 뒤프레를 전혀 모르는 상태에서 그분의 연주

를 들은 사람 대부분이 '남성적인 연주'라고 여깁니다. 연주자가 여성이라는 것을 알고 나면 또 다른 감동이 있죠.

김 어떤 면에서 남성적인 연주인가요?

양 우선 소리가 매우 굵직하고 거친 편입니다. 비브라토도 굉장히 격렬합니다. 저희가 연주할 때 보통은 80그램짜리 활을 사용합니다. 2~3그램만 무거워져도 활의 유연성이 떨어지죠. 그런데 재클린 뒤프레는 90그램짜리, 딱딱한 활을 사용했습니다.

'테니스 라켓으로 첼로를 켠다'고까지 저희끼리 이야기하기도 합니다. 무겁고 딱딱한 활을 쓰려면 힘이 좋아야겠죠. 제 친구가 84그램짜리 활을 쓰는 건 봤습니다. 그런데 재클린 뒤프레는 무려 90그램짜리를 사용했습니다!

재클린 뒤프레가 활동할 때까지만 해도 여성 첼리스트가 드물었어요. 여성 첼리스트가 남성 첼리스트보다 더 강한 소리를 냈던 거죠.

김 활 무게에 대해서 조금만 더 설명해주실 수 있을까요? 무게가 연주에 어떤 영향을 주는지, 무척 흥미롭습니다.

양 바이올린의 활 무게는 60그램이 적합합니다. 비올라의 활은 70그램, 첼로의 활은 80그램이죠. 저는 바흐의 곡을 연주할 때는 76그램, 베토벤의 소나타, 브람스

의 소나타를 연주할 때는 80그램, 협주곡에선 81~82
그램 활을 씁니다.

김 어떤 효과가 있나요?

양 활이 무거울수록 소리도 굵직해지죠. 고작 2그램만 늘
어나도 유연함은 줄어들고요. 유연한 정도를 이야기하
려면 활의 재료부터 말씀드려야 할 것 같습니다. 활의
재료는 페르남부쿠라는 나무입니다. 밀도가 100 이상
이라 물에 뜨지 않죠. 페르남부쿠는 브라질 북쪽 헤시
피 지방에서 자라던 나무입니다. 물에 뜨지 않는 나무
는 그 당시 쓸모가 없었죠. 이 나무가 설탕 운송용으로
쓰이기 시작했어요.

그렇게 유럽으로 건너왔는데, 유럽 사람들이 이 나무
를 활로 쓰기 시작했어요. 물에 뜨지 않지만 유연성이
좋았던 거죠. 18세기 이전 활은 유연성 정도가 심해서
잘 부러졌어요. 18세기 말부터 페르남부쿠가 활의 재
료로 사용되기 시작했습니다. 음을 정확하게 표현할
수 있습니다. 유연하고 탄력 있고 부러지지 않는 지금
의 활로 계속 이어져왔고요.

밀도에 대해 더 말씀드리면, 79그램에 밀도가 140이
면, 82그램에 밀도 110 활보다 훨씬 더 좋습니다. 가령
82그램에 140 밀도면 활로 쓰기가 불가능합니다. 무
게와 밀도의 균형이 잘 맞아야 합니다.

김 양 선생님은 진짜 전인 음악가인 것 같습니다. 음악의
역사, 문화, 구조론에서 악기의 물질적 특성, 그리고
연주가의 육체적 단련까지 모든 것을 통합하고 조화
롭게 활용해서 뛰어난 연주를 창출하십니다!
연주자로서 어떤 목표를 가지고 어떻게 연습하시는지
조금 더 상세하게 말씀해주실 수 있을까요? 개인적으
로는 양 선생님의 음악 입문 과정도 무척 궁금합니다.

양 저는 일곱 살 때 처음 첼로 연주를 들었습니다. 당대
최고의 첼리스트 야노스 슈타커의 독주회가 1975년에
한국에서 열렸죠. 그리고 그날은 첼로가 제 삶의 동반
자가 된 첫날이기도 합니다.
음악은 저에게 청각을 넘어선 그 무엇입니다. 내면의
울림을 손끝으로 진달하는 과정을 통해 제 마음과 몸
전체가 음악을 느낍니다. 저에게 첼로는 단순한 악기
가 아니라 음악의 영혼으로 가는 통로이자 작곡가와
저를 연결해주는 다리이자 작품에 담긴 시대를 초월
한 감정을 느끼게 하는 도구인 셈이죠. 매일 아침 첼로
를 조율하는 것은 제 영혼에 영양을 공급하고 열정의
불꽃을 살리는 의식입니다.
연주에서의 자유를 말씀드렸지요? 조금 더 심각하게,
아니 진지하게 표현하면 이렇습니다.
무대에서 느끼는 자유 역시 그저 자유라고 표현하기

에는 부족합니다. 제 영혼과 몸을 한껏 해방시키면서 심오하고 올바른 감각에 도달하는 느낌, 초월이라고 하면 조금 더 정확할 것 같습니다. 완벽함은 제 목표가 아닙니다. 제가 진정으로 추구하는 것은 제 감정에 대한 끝없는 탐구입니다.

그러니까 저에게 첼로 연주는 단순한 음악적 여정이 아니라 고차원적인 삶의 방식입니다. 첼리스트로서 저는 평범한 일상을 초월하여 더 위대한 것에 다다를 수 있습니다. 다른 시대, 다른 이상과도 공명할 수 있고, 무엇보다 저의 진정한 자아를 탐색하게 됩니다. 저는 첼로를 통해, 음악을 통해 우리 모두 진정한 자아를 표현하고, 사람들과 관계를 맺고, 조화로운 세상이 되기를 꿈꿉니다. 음악이라는 보편적인 언어를 통해 우리 내면의 아름다움을 끌어내는 것이 우리의 궁극적인 목적인 것처럼 말이죠.

처음 김 선생님과 바흐에 대해 많은 이야기를 나누었지요? 그의 〈무반주 첼로 모음곡〉은 저에게 무척이나 특별한 곡인데요. 어려움을 맞닥뜨릴 때, 바흐의 〈무반주 첼로 모음곡〉 중 한 악장을 천천히, 매우 천천히 연주하며 스스로를 치유하는 오랜 습관이 있습니다. 오로지 청각에 집중해 바흐의 곡 한 음 한 음, 한 화성 한 화성에 마음을 열고 다스리다 보면 몇 시간이 훌쩍 지나기도 하는데, 그러고 나면 음악이 주는 위로와 용기로 충만해지고, 마음은 훨씬 더 정화되고, 나아가서 삶을 있는 그대로 받아들일 긍정적인 마인드를 갖게 됩니다.

그 이유는 무엇일까요? 스스로에게 수없이 질문을 던졌고 그 답을 찾는 데 꽤 오랜 시간이 걸렸습니다. 쉽게 이야기하자면, "바흐의 〈무반주 첼로 모음곡〉은 수학적 지성과 음악적 감성이 완벽한 균형을 이루어 인간의 감정을 묘사하고 인간성을 탐구하며 해학과 긍정적인 기운으로 가득 차 있는 역사적인 명곡이어서"라고 답할 수 있겠습니다. 이것은 또한 바흐의 〈무반주 첼로 모음곡〉이 우리 시대에 가장 사랑받는 첼로 작품으로 평가받는 이유이기도 합니다.

코다

클래식 음악의 미래,
미래의 클래식 음악

클래식 음악의 미래,
미래의 클래식 음악

"음악은 수학보다 대중화가 훨씬 쉬워야 할 것 같습니다.
클래식 음악에 대한 전문 지식이 없는 사람도 진심으로
음악을 즐기는 것이 가능하니까요.
이 중요하고 결정적인 사실을 인지하고 활용하지 않은 채
밥벌이가 어려운 뛰어난 음악가들이 많다는 건 대체로
음악계의 책임이라고 생각합니다."

김민형

"가장 좋은 것을 사람들과 나누려면 어떻게 해야 할까요?
연주자 자신이 가장 훌륭한 것을 추구해서 그 경지에
이르러야 하는 것 아닐까요?
제가 생각하는 엘리트주의는 이런 것입니다.
최고를 지향하고 최고를 느끼게끔 하는 것입니다.
청중이 최고의 음악을 듣게 하는 것이죠."

양성원

김 마지막으로, '미래'라는 키워드로 새로운 주제를 하나 더 던지고 싶습니다.

양 네, 클래식 음악의 미래는 좋은 주제라고 생각합니다.

김 제가 또 무식한 화두를 던진 건 아닌가 싶네요.웃음

양 실은 제가 평창대관령음악제의 감독을 하면서도 김 선생님이 말씀하신 주제를 고민하기는 했습니다. 금년에 다시 감독을 맡게 된다면 더 잘할 수 있을 것 같아요. 이런 주제를 꺼내신 이유가 있지요?

김 네, 맞습니다.
스코틀랜드에서 가장 수준이 높다는 음악학교의 크리스마스 공연을 관람한 적이 있어요. 학생들이 즐겁게 연주하는 모습을 보는 건 흐뭇했지만, 솔직히 실력만

본다면, 그 학교의 가장 뛰어난 고등학생의 수준이 우리나라 예술학교 중학생 수준보다 낮다는 인상을 받았습니다. 물론 이것은 신중한 평가가 아닙니다. 좋은 여건에서 실력을 키운 우리나라의 뛰어난 음악가들이 세계 방방곡곡에서 활동하고 있죠.

그리고 영국에서 문화 수준이 상당히 높다고 자부하는 옥스퍼드 같은 도시에서도 음악회 청중은 거의 다 노인들입니다. 그에 반해 양성원 선생님이 초대해주셔서 감상할 수 있었던 크리스티안 지메르만Krystian Zimerman 독주회를 비롯해 우리나라에서 열리는 음악회의 관객석은 젊은이들로 꽉 차 있습니다.

이렇듯 한국은 현재, 세계 어디와 비교해도 긍정적으로 클래식 음악을 수용하고 있기 때문에 앞으로도 클래식 음악이 사회에 기여할 수 있는 가능성이 무궁무진하다고 생각합니다. 물론 유명 인사에게만 대중의 관심이 쏠린 현상은 해결해야 할 과제 중 하나입니다. 그러나 해결을 시도하는 데 사용할 만한 자원이 풍부하다는 것은 큰 장점입니다.

저는 우리나라가 앞으로 클래식 음악을 이끌어나갈 거라고 감히 예상합니다. 어린 학생에서 유명 인사까지 수많은 뛰어난 연주자를 보유하고 있고 그 수준 또한 굉장히 높습니다. 유럽 어디에서도 찾기 힘든 지속적 관심은 우리나라의 큰 잠재력입니다.

양 말씀하신 것처럼, 우리가 어떻게 하느냐에 따라 음악적 저변이 크게 확대될 거라고 생각합니다. 저희의 몫은 뛰어난 연주자를 발굴하는 것과 대중이 음악을 더욱더 즐길 수 있는 환경을 조성하는 거겠죠.

그리고 저는 지금보다 연주와 감상의 수준을 더 높여야 한다고도 생각합니다. 브람스의 언어, 슈만과 말러의 화성, 베토벤의 구조 등에 대한 더 깊은 이해가 필요해요. 앞에서도 여러 번 말씀드렸지만, 연주자의 이해가 깊어질수록 관객의 수준도 높아질 거고요.

한국에서는 마스터 클래스 위주의 공연이 많은 관심을 끌고는 있고, 그래서 평창대관령음악제에서는 실내악 멘토링이라는 프로그램을 기획해서 재능 있는 젊은 연주자들에게 더 많은 기회를 주려고 했습니다. 프로그램이 진행되는 열흘 동안 관객 반응이 상당히 좋았습니다.

그리고, 김민형 선생님이 말씀하신 것처럼 젊은 연주자들이 국제 무대에 많이 설 수 있게 저희가 노력해야겠지요. 국제 페스티벌 쪽과 더 활발하게 교류해야겠다는 생각도 했습니다. 예를 들면, 캐나다 밴프에도 멋진 음악 페스티벌이 있습니다. 혹시 들어보셨나요?

김 수학 관련 연구소가 하나 있어서 제가 밴프에 자주 가긴 했지만 음악 페스티벌까지는 몰랐습니다.

양 밴프 다운타운에서 조금 더 위로 올라가면 좋은 연주
장소Banff Centre for Arts and Creativity가 있습니다. 이 페
스티벌을 비롯해 이탈리아에서 가장 오래된 페스티벌
Accademia Musicale Chigiana과도 MOU를 맺어서 한국 아
티스트들이 거기서 공연하고, 마찬가지로 그 나라의
아티스트들도 한국에서 공연할 수 있도록 하고 있습
니다.

하지만 역시 가장 중요한 것은 청중이 작곡가들에 대
해서 지금보다 관심을 더 많이 가지는 것입니다. 작곡
가에 대한 관심까지 가지는 클래식 음악 애호가들의
수가 너무 적어요. 그들이 우리나라의 젊은 작곡가들
에게 대해서도 관심을 가져주면 좋지 않을까 싶네요.
어떻게 생각하세요?

벌써 10년 전 이야기입니다, 김민형 선생님이 머튼칼
리지 저녁 식사 자리에 저를 초대해주셨죠. 저녁 식사
후 티타임 때 어떤 교수님이 저에게 물어보시더라고
요, 런던 로얄아카데미오브뮤직의 제자들과 연세대학
교 제자들의 차이점이 무엇이냐고요. 김 선생님도 기
억하시겠지만, 한국 학생들은 첼로를 훨씬 잘 다루고
영국 학생들은 앙상블에 더 강하다고 말씀드렸습니다.
제 대답을 들은 그 교수님의 표정이 지금도 잊히지가

않아요. 너무나 놀라는 표정이었습니다! 제가 한국 학생들의 수준을 그렇게 평가한 것이 뜻밖이라고 하셨습니다. 10년 전에도 이미 그랬고, 지금은 외국 학생들과 더욱 수준 차이가 나는 것 같습니다. 수학 쪽에서는 어떤가요?

김 수학에서도 뛰어난 한국 젊은이들이 매우 많습니다. 연주 수준도 굉장히 높고 저변도 확대되고 있는 지금, 작곡과 관련된 문제는 정말 풀기 어려운 것 같습니다. 우리나라에서뿐만 아니라 다른 나라에서도 작곡가들에 대한 관심은 그리 크지 않습니다. 모든 사회에서 이것을 해결하기 어려운 문제로 간주하고 있어요. 정말 생각해봐야 하는 문제인데요, 저는 '대중화'라는 관점에서 조금 더 이야기하고 싶습니다.

몇 년 전에 피아니스트 조성진 씨가 이런 말을 했더군요. "저는 클래식 음악이 대중화되기보다 더욱 많은 사람들이 클래식화되었으면 좋겠다고 생각합니다. 제가 너무 보수적인 것일 수도 있지만, 클래식 음악이 대중화되면 본질을 잃어버릴 가능성이 있어서 조심스럽게 생각합니다." 물론 저도 이런 말이 나오게 된 동기를 이해합니다. 특히 흥행의 압력 때문에 연주자가 도전적인 레퍼토리를 짜기 어렵다는 것은 저도 아쉬울 때가 많습니다. 그럼에도 '대중화'라는 개념을 조금 더 다루어야 한다는 게 제 생각입니다.

우선 '누구를 위한 대중화인가'가 중요할 것 같습니다. 얼핏 생각하기에, 조성진 씨의 말은 수학 교수들이 '왜 내 강의를 평가하느냐, 학생들 수준이 문제지'라고 하는 것과 비슷할 수도 있어요.

이 말이 일리가 있을 수도 있지만, 어떤 유명 수학자가 이런 말을 하면 그 순간에는 어떨지 몰라도 젊은 수학자들에게 주는 영향을 고려해보면 대체로는 해로운 것 같습니다. '수학 교육을 어떻게 창의적으로 발전시켜야 할까'에 대한 책임을 회피할 수 있는 쪽으로 커뮤니티의 사고 성향을 이끄니까요. 그러면 교육의 질이 떨어질 위험도 있고 젊은 수학자들로 하여금 자신을 해치는 시각을 키우게도 합니다. 그 말을 한 유명 수학자에게는 별로 해가 없겠지요.

'대중을 클래식화해야 한다'는 말도 그 말을 듣고 통쾌해하는 평균 연주자를 해치기 쉽습니다. 기획사들에겐 그 순간에는 좋은 말일 수도 있지만 이 말의 파급 효과가 걱정되는 거죠.

저도 '대중화'라는 말을 사용하기는 하지만 음악이고 수학이고 간에 '이것은 고등한 것이고 저것은 대중적이다'로 딱 갈리는 것은 물론 아닙니다. '어떻게 해서 많은 사람의 삶에 클래식 음악이 기여할 수 있을까'의 문제는 우선 '거의 모든 사람이 음악을 좋아한다'는 사실을 인정하면서 시작해야 할 것 같습니다.

당연히 이해하는 데 시간이 걸리는 음악도 있고 익숙하지 않은 음악도 있지만, 제가 아는 사람 누구나 클래식 음악을 음미할 준비가 충분히 되어 있는 것 같습니다. 다만 현대 일반인의 삶에 적합한 음악 문화의 보급 방식을 다 같이 다양하게 창의적으로 생각해볼 수 있었으면 좋겠습니다.

아주 작은 예로 두 시간 동안 콘서트홀에서 경건하게 들어야만 하는 포맷에 대한 대안을 좀 체계적으로 고려해봤으면 좋겠습니다. 대학 교육에서 제가 활동한 근 30년 동안에도 수학자들이 '꼭 이런 형식으로 해야 교육의 본질을 지킬 수 있다'고 고집했습니다. 그러나 그간의 진화, 혹은 변화는 교육의 질을 향상시켜주었습니다.

어떤 방식으로든 사람들에게 더 널리 보급할 수 있게 여러 가능성을 타진하는 것은 음악에서도 흥미로운 것 같습니다. 물론 처음부터 성공하는 경우는 드물겠지요.

우리나라에 스타 아티스트 말고도 뛰어난 음악가들이 많습니다. 앞에서 양 선생님이 말씀하신 것들 모두 하나같이 중요하긴 하지만, 제가 클래식 음악의 미래에 대해서 던지고 싶었던 질문은 이런 거예요.

음악가들이 소위 '대중화'를 위해 어떤 역할을 할 수 있을까요? 그들은 우리나라의 풍부한 음악 문화 자원이잖아요. 그런데 어떻게 보면 많은 면에서는 낭비되고 있는 거죠.

양 그렇죠.

김 그래서 그 미래에 대해서 어떻게 생각하시는지요?

양 작년에 세계 최고 권위의 현악 사중주 국제 콩쿠르에서 심사를 맡은 적이 있습니다. 한 그룹당 다섯 번의 공연을 한 후에 파이널 라운드에 단 세 그룹을 뽑는 시스템입니다. 모든 연주를 듣고 나서 일곱 명의 심사위원들이 투표를 했는데, 한 그룹에 대해서 4 대 3으로 의견이 갈렸습니다. 만약 심사위원 한 명이 다른 사람이었다면, 혹은 한 명만 마음을 바꾸었다면 그 그룹은 본선에 못 올랐을 거예요.

파이널 라운드에서도 한 그룹에 대해 역시 4 대 3으로 의견이 나뉘었습니다. 그래서 심사위원들이 모여서 토론을 하고 다시 투표를 했는데 결과는 바뀌지 않았어요. 그게 무슨 뜻일까요? 4 대 3으로 의견이 다르다는 것은 그룹 간에 압도적인 실력 차가 없다면 어떤 식으로든 결과는 바뀔 여지가 있다는 것입니다.

그 콩쿠르에서 우승한 그룹은 요즘 전 세계적으로 공

연을 많이 합니다. 이등 그룹은 일등보다는 공연을 덜 하고 삼등 그룹은 이등보다는 공연을 덜 하지요.결승까지 보통은 여섯 그룹이 오릅니다.

이런 경향이 있긴 하지만, 한국에서는 유독 일등만 주목을 받습니다. 저는 이등 그룹을 여수의 예울마루실내악축제와 프랑스 본의 베토벤페스티벌Festival Beethoven de Beaune에 초청했습니다. 제가 보기에 이등이 일등보다 어떤 면에서는 더 훌륭했고 잠재력도 있다고 생각했거든요.

이것은 하나의 사례에 불과합니다. 일등과 이등의 수준 차이가 그리 크지 않음에도 콩쿠르의 우승 경력은 아티스트의 향후 경력에 매우 결정적인 영향을 미칩니다. 콩쿠르를 기점으로, 연주할 기회가 한 사람에게 몰리는 거죠.

일등 아티스트가 스타로 반짝 떴다가 사라지기도 합니다. 이등, 삼등 아티스트가 10년, 15년 후에 국제적인 커리어를 쌓는 경우도 많습니다.

콩쿠르 우승 경력은 정말 중요합니다. 그렇다고 해서 콩쿠르 우승만이 만사형통은 아닙니다. 그래서 클래식 음악의 미래를 논할 때, 청중이 우승한 아트스트뿐 아니라 다른 아티스트들의 연주도 찾아서 듣는 노력이 필요하다는 것입니다. 그것이 한국의 클래식 음악의 발전에도 기여할 거고요.

한국에서는 현재 조성진 씨와 임윤찬 씨가 클래식 연주회 흥행을 이끌고 있죠. 두 연주자의 공연 티켓은 오픈하자마자 2~3분 내 매진이 됩니다. 이런 쏠림 현상이 나쁘다고는 할 수 없지만 건전하다고도 할 수 없어요. 이 두 분은 대중 음악으로 치면 엘비스 프레슬리 같은 분들이에요.웃음

김 네, 맞습니다. 그런데 제가 조금 더 무식하게 질문을 해보겠습니다. 음악계의 사정을 모르기 때문에 할 수 있는 질문이기도 합니다.

그러니까, 흥행을 이끌지는 않지만 매우 수준 높은 연주를 하는, 이른바 이등, 삼등을 하는 아티스트들을 대중에게 선보이는 방법은 없나요?

양 선생님도 콩쿠르 심사 경험으로 발견하셨듯이 아티스트들의 수준 차가 그렇게 압도적으로 나지 않습니다. 우리가 그런 음악적 자원을 체계적으로 활용해서 한두 연주자에 대한 쏠림 현상을 대대적으로 해결할 방법이 없는지, 저는 이것이 가장 궁금하거든요.

양 물론 있습니다.

김 저는 매우 구체적으로 접근하고 싶습니다. 양 선생님은 라이브 음악의 중요성을 강조하시잖아요. 라이브 음악이 아니어도 된다고 제가 내내 악마의 대변인처

럼 말씀드리긴 했지만, 저는 선생님의 의견에 동의하
는 바가 많습니다.

라이브 음악이 그렇게 중요하다면, 그 중요성을 보여
주는 연주자의 역할도 있을 것 같은데, 어떻게 생각하
세요? 그들이 라이브 음악에 대한 수요를 늘릴 수 있
지도 않겠어요?

양 제가 20~30년 전부터 생각하고 또 실행하고 있는 것
이 있습니다. 한국의 콘서트홀이 상당히 좋습니다. 이
홀에서 젊은 아티스트들이 연주할 수 있게 기회를 제
공하는 거죠. 예술의전당, 롯데콘서트홀, 부천아트센
터, 아트센터인천 등 서울과 지방의 주요 홀에서도 다
양한 프로그램을 만드는 겁니다.

좋은 홀에서 연주하는 경험은 매우 중요합니다. 또 해
외 아티스트들과 자주 교류해서 함께 연주할 수 있도
록 하는 겁니다.

프로그램을 잘 짜는 것도 중요합니다. 대중이 조금 더
다양한 곡들을 감상할 수 있게 창의적인 프로그램을
만들어야겠지요. 어떤 아티스트에게 어떤 프로그램이
어울릴까, 어떤 프로그램에 어떤 아티스트가 어울릴까
고민하는 것이 프로그램을 만드는 제 입장에서 해야
할 일이기도 하고요.

하지만 한계는 있습니다. 당장은 효과가 없을 수도 있

습니다. 젊은 아티스트들에게 기회를 주고 다양한 프로그램을 구축하는 것은 중장기적 플랜입니다. 콩쿠르에서 우승하지 못한 아티스트들이 빛을 발하려면 시간이 걸린다는 것입니다.

그리고 우리나라만 콩쿠르 우승을 중시하는 건 아니에요. 심지어 어떤 교수는 "국제 콩쿠르에서 가장 좋은 결과는 우승하는 것, 두 번째로 좋은 결과는 1차에서 탈락하는 것"이라고까지 말했습니다. 이등이나 삼등을 하면 일등이 아니라는 기록이 영원히 남습니다. 하지만 예선에서 탈락하면 아무도 신경을 안 쓰니까 다음에 재도전할 기회가 있기 때문입니다. 재도전하는 과정에서 연주 실력이 늘기도 합니다.

그래서 저는 학생들에게 이런 이야기를 해줍니다. 설사 우승하지 못했더라도 콩쿠르 참가 경험이 실력 향상의 디딤돌이 될 것이라고요. 그런 마음가짐으로 임하는 게 중요하다고요.

김 죄송하지만, 제가 질문을 계속하겠습니다. 양 선생님도 물론이고 음악 관련 종사자들이 클래식 음악의 저변을 확대하기 위한 사업을 많이 하고 계시긴 한데, 콩쿠르의 이등, 삼등 아티스트들만 있는 게 아니잖아요. 20등, 30등 하는 연주자들도 굉장히 뛰어나지 않나요?

양 물론입니다.

김 　논의를 단순화하기 위해 음악에서 등수를 매기는 실
　　례를 좀 범하겠습니다. 100등만 해도 연주 실력이 매
　　우 뛰어난데, 이등, 삼등 연주자들에게 콘서트홀 연주
　　기회를 주는 것만으로 저변 확대가 가능하냐는 것입
　　니다. 그들은 소수입니다. 그 외의 연주들이 연주를 통
　　해 생계유지를 할 만큼의 시스템이 구축되어야 하는
　　거 아닐까요?

양 　음악만으로 생계유지를 하는 게 쉽지만은 않습니다.
　　옥스퍼드대학교나 케임브리지대학교에서 화학이나
　　공학을 전공한 학생이 전공을 살리지 않고 갑자기 연
　　주자가 되겠다고 합니다. 속으로는 정말 바보 같은 짓
　　이라고 생각하지만 차마 입 밖으로는 내뱉지 못할 때
　　가 많아요.

　　생계유지는 완전히 다른 문제라고 말씀드리고 싶어요.
　　그들이 어려서부터 실력을 쌓아온 친구들의 수준까지
　　가기 쉽진 않겠죠. 실력을 쌓으려면 매일같이 연습을
　　해야 하는데 연습만으로 밥벌이를 할 수는 없지 않겠
　　어요? 그리고 덜 대중적인 음악을 할 때는 더욱 그렇
　　죠. 순전히 경제적인 면만 따지면 그렇습니다.

　　금전 문제를 따로 떼놓고 보면, 자기가 하고 싶은 일
　　을 하는 것이 개인적으로는 더 만족스러울 겁니다. 저
　　는 연주자보다 더 좋은 직업은 없다고 생각해요. 예술

분야라고 하더라도 연극배우나 화가는 경제적으로 더 부침이 많은 것 같거든요.

더 끌리는 일, 더 잘하는 일을 선택하겠다는 그 자체는 높이 삽니다. 하지만 본인이 가장이라면? 책임감을 저버릴 순 없을 거예요.

김 그렇죠. 그러니까 지금 말씀하신 걸 제가 되풀이하는 것 같은데, 가령 50등 정도 하는 굉장히 뛰어난 연주자가 가장으로서 생계를 유지하는 것은 거의 불가능한 거 아닌가요?

양 한 연주자에게 가족이 여럿 달렸다면 연주자 본인이 이상적이라고 생각하는 환경을 만들기에는 불가능하겠지만, 오케스트라에서 활동할 수는 있습니다. 그 정도 실력만 되어도 들어갈 수 있는 오케스트라가 많습니다. 경제적 문제도 해결되고요. 오케스트라의 수준이며 규모는 매우 다양하니까 자신에게 맞는 곳에서 단원으로 활동하면 됩니다. 상대적으로 피아니스트들에게는 그런 기회가 많지는 않습니다.

연주자로 살기로 했을 때는 미래를 장밋빛으로만 그릴 수는 없습니다. 자신이 목표로 했던 연주 수준에 도달했음에도 연주를 하기보다는 학생들을 가르치면서 음악적 만족감을 얻을 수 있느냐고 물어보면, 그건 아니겠지요. 그때는 다른 만족감을 느낄 수 있습니다. 학생들이 음악

의 아름다움을 깨닫게 하고 연주 실력을 키우게 하는 과
정에서 다른 차원의 만족감이 생기는 거죠.

음악가들이 생계유지를 하면서 음악적 만족감까지 얻
고 살아가기는 쉽지 않다고 인정합니다. 상당한 실력
을 갖추고도 모두가 콩쿠르에서 우승하는 것도, 그리
고 모두가 오케스트라에 소속되는 것도 아니니까요.

그런데 이것이 비단 음악계만의 문제일까요? 박사학
위를 받은 사람들도 똑같은 고민을 하지 않을까 싶습
니다. 수준 높은 박사들 모두 본인의 연구를 다 이어가
는 것도 아니고 채용되지 않는 분들도 많습니다.

김 제 생각에는 음악가들이 예술 분야 중에서, 가령 문학
전공자들에 비해서도 만족감을 누리고 살 수 있는 선
택의 여지가 더 많은 것 같습니다. 녹음 음악이 없다고
치면 연주자들이 먹고살 길이 많습니다. 제가 콩쿠르
50등을 예로 들긴 했지만, 예술고등학교 졸업한 학생
들만 해도 이미 뛰어난 수준의 연주를 합니다.

양 네, 어마어마한 수준이죠.

김 그런 음악가들이 많다는 데는 동의하시지요? 이렇게
많은 뛰어난 연주자들에게 생계유지와 일종의 품위
유지에 문제가 있습니다.

그들이 어떻게 하면 음악으로 지속적으로 직업 활동
을 하면서 자기 직업에 의미를 느낄 수 있느냐? 그걸

묻고 싶은 거예요. 매우 구체적으로요. 콘서트홀과 오케스트라 밖에서도 그게 가능하지 않을까요?

양　밖으로 나가야 합니다. 예술고등학교 출신의 실력 있는 젊은 연주자들이라고 해서 모두 본인의 의지로만 살아온 건 아닙니다. 물론 스스로 하고 싶어서 시작해서 그 길을 걸어가는 이들도 있죠. 하지만 어머니가 원하는 방향이라서, 혹은 어렸을 때 재능을 보인 바람에 음악 선생님의 주도로 예술고등학교까지 졸업한 학생들도 있습니다. 그들은 추후에 전공을 아예 바꿔버리죠.

물리학, 화학, 생물학 등을 전공했다가 첼로로 선회해서 저에게 레슨받으러 오는 학생들만큼이나 음악을 전공했다가 다른 전공으로 방향을 틀어서 음악과는 무관한 직업을 갖게 되는 학생들이 많습니다. 두 경우 다 자기 길을 찾아가는 거니까 잘한 선택이라고 봐야겠죠. 이 전공으로 저 전공으로 옮겨가는 것이 나쁜 것은 아니에요.

그런데 음악에서 다른 전공으로, 다른 전공에서 음악으로 방향을 바꾸는 것은 조금 다른 문제인 것 같습니다. 다른 직업과 달리, 연주자가 되려면 아주 어릴 때 시작해야 합니다. 보통은 네 살, 다섯 살 무렵부터 시작합니다.

어릴 때 연습을 시작했다고 해서 모두 연주자가 되는

것도 아니고, 연주자가 되기 위해서만 어려서부터 연습하는 것도 아니겠죠. 하지만 연주자 대부분은 매우 일찍부터 악기를 다루기 시작했어요.

다른 의미를 찾자면, 어린아이들에게 음악을 접하게 하는 것, 즉 악기를 다루게 하는 것은 그 아이 인생에 도움이 될 것입니다. 그들이 자라서 음악으로 생계유지를 하지 못해도 악기를 다룬 경험이 반드시 도움이 될 거라고 믿습니다.

다시 돌아가서, 청중을 대상으로 주기적으로 공연하고 공연비를 받아 생계유지를 할 수 있는 연주자는 매우 드뭅니다. 그건 현실입니다.

김 제가 음악적 자원이 낭비되고 있다는 말씀을 드린 이유가 바로 이 때문입니다.

양 글쎄요. 저희 아이들이 음악을 하다가 지금은 다른 공부를 하고 있어요. 저는 자원의 낭비라고는 생각지 않아요. 잘됐다고 생각합니다.웃음

김 연주의 경험이 나중에 어떤 식으로든 쓸모는 있을 거예요. 음악을 시작하는 동기나 음악을 그만두는 이유가 무엇이건 간에 순전히 '음악' 한 분야만 놓고 보면 그런 자원이 낭비되고 있는 것은 분명하지 않나요?

어떤 뜻으로 하는 말이냐면, 음악을 좋아하는 사람도 굉장히 많은데, 음악을 잘하던 사람들이 더 이상 음악

을 하지 않는 건 전체적으로 낭비라는 거죠.

양 네, 맞습니다.

김 음악을 잘하는 매우 많은 사람들과 음악을 좋아하는 매우 많은 사람들이 매칭이 안 되고 있는 상황이라고 생각하거든요, 어떻게 보면.

양 한국 예술고등학교의 연주 수준은 세계적으로 아주 높습니다. 제 느낌이 아니고 객관적으로도 그렇습니다. 그런데 이 젊은 연주자들이 음악을 평생의 업으로 삼고 매진할 수 있는 열정이 있느냐고 하면 그건 아닙니다.

음악적 측면의 낭비가 있다는 김 선생님 말씀에는 전적으로 동의합니다. 예술고등학교를 졸업하기까지 노력이나 시간 면에서도 너무나도 많은 비용이 투입되거든요. 때때로 본인의 열정과 적성에 비해 그런 비용이 과도하게 투입됐다는 생각을 할 때도 있습니다. 그 친구의 관심과 재능은 음악이 아닌 다른 분야에 있는데, 하는 생각을 하기도 해요.

저는 첼리스트니까 첼로, 바이올린, 비올라 연주를 많이 듣는데, 듣다 보면 국제 콩쿠르에서 입상할 실력은 아니지만 그야말로 '음악적인' 사람들이 있습니다. 이들이 손가락으로 악기 다루는 수준은 좀 떨어질지 몰라도 그 누구보다 음악을 잘 이해하고 또 잘 표현할 때가 있습니다. 그래서 평생 음악을 하고 있는 거겠죠.

김 그렇겠죠. 음악대학까지 졸업하고도 앞으로의 커리어가 험난해서 다른 일을 하기로 결정하는 경우도 분명 많겠죠. 그 관점에서도 여전히 낭비는 낭비입니다. 본인이 다른 무엇보다 음악을 가장 잘하고 음악으로 세상에 가장 많이 기여할 수 있는데도 연주를 이어나가지 못한다는 면에서요.

양 이쯤에서, 사회의 낭비나 개인의 인생 낭비를 막기 위해서 국가가 나서줘야 할 것 같습니다. 구체적으로는 특정 소수 전공에 더 많은 지원을 한다거나 일부 과도한 부문에 대해서는 구조조정을 한다거나.

우리나라에는 피아노 전공자가 압도적으로 많고 그다음 바이올린, 성악, 플루트 순입니다. 그런 쏠림 현상을 완화하기 위해서는 지원이 필요합니다.

저는 음악 한 부분에서만 한정해서 말씀드리기가 쉽지 않네요. '낭비'라는 단어가 아무래도 불편한 모양입니다.웃음 음악을 전공했던 친구들이 음악 아닌 다른 전공으로 바꾸어도 개인적으로나 사회적으로나 그렇게 큰 낭비는 아닌 것 같다는 생각이 계속 들어요.

컴퓨터공학을 전공하면서도 첼로를 연주할 수 있는 거 아닌가요? 저는 그런 친구들이 더 많아졌으면 합니다. 최소한 음악에 대한 열정이 있으면 어떤 식으로든 클래식 음악의 저변을 확대하는 데, 또 자신의 인생을 개척하는 데 상당한 도움이 될 거라서요.

김 음악의 보급 형식을 대폭 확장하고 여러 갈래로 다양화하는 것에 대해서는 아무래도 회의적이신가 봅니다.웃음

양 네, 그런가 봅니다. 요즘 의대 정원을 갑자기 늘리는 것에 대해 현직 의사들이 반대하는 것과 비슷한지도 모르겠습니다. 그런 식으로 무작정 확대하는 게 바람직할까요?

김 제 이야기는 학생 수를 확대하는 것이 아니라 방법의 수를 확대한다는 거죠. 현재 음악 전공자들의 수가 아니라 그들이 대중에게 연주를 선보이는 방법의 수를요.

양 굉장히 다양한 방법이 있겠습니다. K-클래식의 저변 확대에 부인할 수 없는 큰 기여를 하신 분이 있습니다. 금호그룹 고 박성용 회장입니다. 금호문화재단의 역할이 없었다면 K-클래식이 이만큼이나 높은 수준에 오르기도 힘들었을 겁니다. 현재 활동하는 젊은 아티스트들 중에 금호영콘서트 시리즈를 거치지 않은 사람이 없습니다. 30년 전에 박성용 회장이 뿌린 씨앗이 지금 왕성하게 자라난 거죠. 박성용 회장의 이런 전폭적인 지원은 세계적으로도 유사한 사례가 없습니다.

그런 식의 다양한 공연 기회 역시 클래식 음악이 보급
되는 데 도움이 된다는 생각입니다.

김 제가 엉뚱한 제안을 한 가지 해보겠습니다. 저의 제안
이 받아들여질지 아닐지 모르겠지만, 문제를 조금 구
체화하는 데는 도움이 될 것 같습니다. 데이비드 체스
키David Chesky라는 피아니스트가 했던 질문을 양 선생
님에게도 해보겠습니다. "재즈 바는 있는데 왜 클래식
바는 없을까?"

양 클래식 살롱이 있긴 합니다. 과거에 매우 많았다가 조
금 줄긴 했지만요. 요즘도 살롱에서 연주하는 사례가
많습니다. 살롱음악회라는 것도 있었잖아요.

김 재즈 바는 클래식 살롱과 비교도 안 되게 굉장히 많잖
아요.

양 그렇죠. 클래식 음악은 주로 큰 홀에서 연주되죠. 연주
회를 찾는 클래식 음악 애호가 수에 비해서 연주자들
이 지나치게 많다는 것도 부인하진 않겠습니다. 콩쿠

르에서 본선에 진출하지 못한 연주자들의 음악도 찾
아 들으면 좋은데 사람들이 그러지 않으니까요. 하지
만 상황이 이렇다 보니까 연주자들끼리 경쟁을 해서
더 높은 수준의 연주가 가능해진 것도 아닌가 생각합
니다.

김 저는 현재 클래식 음악의 연주 형식 때문이 아닌가 싶
은데요. 조금 전에 말씀하셨듯이 연주자들이 큰 홀에
서만 연주를 한다면 청중 입장에선 라이브 음악 감상
에 대한 문턱이 높지 않을까요?

양 그 말씀도 맞습니다. 하지만 사람들은 바빠요. 매일매일
경쟁을 해야 하는 상황이죠, 먹고사는 문제를 해결하기
위해서. 그런 사람들이 비용을 더 치르고서라도 이왕이
면 일등 연주자의 음악을 찾아 듣는다는 겁니다. 불행
한 현실이지만 인정해야 할 현실이기도 합니다.

저는 백 퍼센트 엘리트주의자입니다. 요즘엔 엘리트주
의라는 단어가 부정적으로 사용되고 있어요. 가장 좋은
것을 사람들과 나누려면 어떻게 해야 할까요? 연주자 자
신이 가장 훌륭한 것을 추구해서 그 경지에 이르러야 하
는 것 아닐까요? 제가 생각하는 엘리트주의는 이런 것입
니다. 최고를 지향하고 최고를 느끼게끔 하는 것입니다.
청중이 최고의 음악을 듣게 하는 것이죠.

그래서 제가 여러 번 말씀드리는 것입니다. 많은 사람

들이 클래식을 듣는 것도 좋지만 수준 높은 클래식을 듣는 것도 중요하다, 연주라는 것도 작곡가와 곡에 대한 이해를 충분히 해야만 수준 높은 경지에 이를 수 있다고. 엘리트주의를 통해 음악의 풍부함을 더 많이 느낄 수 있다는 것이지, 일등만이 중요하다고 말씀드리는 게 결코 아닙니다.

제가 부정적으로 생각하는 것은 일등 연주자의 음악만을 찾아 듣는 현실이죠. 제가 감독하는 음악회에 일등이 아닌 연주자들을 초대하는 것도 이 때문입니다.

김 콩쿠르 이등도 물론이고, 본선에 진출하지 못한 연주자들도 상당한 수준의 엘리트입니다.웃음

양 어떤 연주자가 콩쿠르에서 일등을 하기 위해 노력했지만 그러지 못했다면 그 사람의 인생은 어떻게 될까요? 계속해서 음악을 할 수 있을까요, 아니면 음악을 포기하고 다른 삶을 선택할까요?

김 그 결정은 사회의 음악적 풍토에 달려 있다고 봅니다. 개개인의 선택이라기보다는 비록 연주 실력이 최상위는 아니더라도 그 연주자가 좌절하지 않고 계속해서 자신만의 음악을 추구하면서 살아갈 여건을 만들 수 있는 방법을 더 많이 확대하는 건 불가능하다고 생각하시는 거죠?

양 음악에 대한 열정이 남달랐던 학생이 있었습니다. 지

금은 경제적으로 대단히 성공했어요. 저의 그 어떤 제자들보다 그럴 거예요. 음악 학원을 대여섯 군데 운영하고 있답니다. 음악에 대한 열정을 꼭 연주로만 충족해야 하는 건 아니잖아요. 이 친구는 사설 학원에서 제자를 기르는 일을 너무나 잘하고 있어요. 이것도 사회에 반드시 필요한 일입니다.

저는 감히, 그 친구가, 좋은 성적으로 입학하고 졸업한 연주자 못지않게 좋은 삶을 살고 있다고 믿습니다. 클래식 음악을 더 널리 더 많이 보급하는 방법 면에서는 이런 식의 확장이 있습니다.

김 저도 그렇게 생각합니다. 아주 좋은 사례입니다. 그렇다면 다시 여쭤보겠습니다. 그 친구보다 제가 조금 더 연주를 잘한다면, 학원에서든 학교에서든 학생들을 가르칠 수 있고 사회복지관 같은 작은 홀에서 연주도 할 수 있다고 생각하시는 거죠?

이 모든 방법을 포함해서 음악가들이 더 많은 사람들에게 클래식 음악을 들려주면서 음악가 개인으로서도 의미 있는 음악적 삶을 유지할 수 있는 풍토가 마련될 수도 있다고 생각하시는 거죠?

양 그럼요, 가능합니다. 물론이죠.

김 어떻게 하면 거기까지 갈 수 있을까요?

양 프로그램이 지금보다 훨씬 더 다양해져야 합니다. 연주할 수 있는 공간도 다양해져야 합니다. 그리고 반드시 청중이 있어야 합니다. 청중 없는 연주는 있을 수 없어요. 일종의 선순환 구조가 만들어져야 합니다.

거듭 말씀드리지만, 콘서트홀, 프로그램, 청중 모두가 다 조건에 맞아야 합니다. 그래야만 일등 연주자가 연주할 수 없는 음악을 이등 연주자가 연주할 수 있어요.

김 그렇죠. 그런데 그런 다양한 방법들을 추구하는 가운데서 제가 아마추어로서 감히 제안하고자 하는 것은, 긴 시간 동안 경건하게 들어야 하는 클래식 공연 형식을 좀 바꾸면 어떨까 하는 것입니다.

양 제가 여러 번 갔던 페스티벌, 프랑스에서 가장 큰 페스티벌의 공연 시간은 50분 이하였습니다.

김 그렇죠. 역사적으로도 잘 아시겠지만, 사람들이 오페라하우스에서 밥 먹으면서 음악을 들었던 경우도 많았고 런던 프롬에서도 사람들이 서로 이야기를 나누면서 음악을 듣는 것에 대해서 초기에는 제약이 덜했습니다. 지금은 그에 비하면 감상 분위기가 굉장히 경건해졌습니다. 연주 시간이 지금보다 조금 더 짧아지거나 감상 분위기가 조금 더 자유로워진다면 더 많은 청중이 반응할 것 같은데요.

양 네, 맞는 말씀입니다. 그런 시도가 실제로 있습니다. 최근에는 서울문화재단에서 기획한 50분짜리 연주회

도 있었습니다. 점심시간에 와서 듣고 가도 부담이 없
죠. 그런 콘서트를 찾아가서 들었는데 정말 좋았습니
다. 안 좋을 수가 없어요.

그런가 하면 인터미션 없이 서너 시간 이어지는 연주
도 있죠. 연주회 석 달 넉 달 전에 티켓을 구매하는 사
람이라면 오매불망 연주회를 기다릴 것이고 당일에는
더 설레겠죠.

이런 상반된 환경 각각에서 청중이 받는 느낌도 다를
것입니다.

김　왜 그럴까요? 두 가지 느낌 모두 공존할 수 있잖아요.

양　그렇죠, 공존해야만 하고요.

김　사람들이 접근하기 쉬운 짧고 자유로운 연주회가 훨씬
더 많아져야 고급스러운 연주회에 대한 수요도 많아질
거라고 생각합니다.

양　맞습니다. 저녁에 열리는 연주회의 입장료도 항상 고
기일 필요도 없고요. 사람들이 선택할 수 있는 아티스
트들의 폭이 더 넓어지고 연주 프로그램이 다양해지
고 콘서트홀도 많아졌으면 하는 바람입니다. 입장료의
높고 낮음을 떠나서 다양한 수준의 다양한 음악이 더
자주 연주되어야 합니다.

김　양 선생님 말씀에 완벽하게 동의합니다. 경험의 양이
많아지면 경험의 질도 업그레이드될 것이라는 말씀이

지요? 저에게는 이것이 더 중요한데요, 이런 음악적 경험이 우리나라에서는 가능해야 한다고 생각해요, 다른 어떤 나라에서보다.

양 왜 그렇게 생각하시죠?

김 훌륭한 음악가들이 많으니까요. 지금은 클래식 음악을 감상하는 방법이 특정한 한 방향으로 쏠릴 수밖에 없는 풍토라서 그렇지, 가만히 들여다보면 클래식 음악에 대한 청중의 관심이 높고 또 깊습니다. 정말 그렇게 느낍니다.

양 맞습니다.

김 감상하는 이들만 놓고 보면 양적으로도 대단히 많고 이해 수준 역시 매우 높죠.

양 그런 것 같습니다.

김 그래서 우리나라가 먼저 실험적인 시도를 해서 음악적 네트워크를 구축하면 어떨까요? 그럴 수 있는 좋은 환경을 갖추고 있잖아요.

양 수준 높은 음악 애호가들이 많아지고 있다는 데 전적으로 동의합니다. 클래식 음악 연주회 매진 사례가 우리나라에서는 꽤 있죠. 세계적으로 극히 드문 현상입니다. 김 선생님이 저하고 함께 참석했던 크리스티안 지메르만의 연주회는 세 차례 모두 매진됐습니다.

김 네, 젊은 청중이 많다는 것도 영국에서는 볼 수 없는 일이었고요.

양 같은 연주를 두 번 세 번 듣기도 합니다. 열정이 대단하죠.

김 그래서 방향만 조금 바꾼다면 더 많은 연주자들이 연주하고 더 많은 청중을 이끌 수 있을 것 같습니다.

양 그렇게 되게끔 만들어야죠. 시간은 조금 필요합니다. 유명한 연주자의 공연은 많은 사람들의 관심을 받지만 그렇지 않은 연주자들에게는 그만큼의 관심이 쏠리지 않는 현실을 부인하긴 어렵습니다.

김 그런 현실을 바꿔나가야 한다는 데 양 선생님이 당연히 동의하시리라 믿고 드리는 말씀인데, 이것이 음악계에 주어진 과제, 풀어야 할 문제라고 저는 생각합니다.

양 네, 맞습니다. 그래서 제가 감독하는 평창대관령음악제에서 스타가 될 수 있는 잠재력을 가진 연주자들에게 기회를 제공하는 것이 제 역할이라고 봅니다. 그들을 발굴하는 것이 우선이겠죠.
교육 차원에서도 콩쿠르에서 우승하도록 가르치는 것보다 작곡가의 혼을 이해하고 그것을 자기 식대로 잘 표현해서 들려줄 수 있게끔 가르치는 것이 훨씬 의미있다고 생각합니다.

김 조금 더 거창하게 표현해보면, 그 음악을 통해 세상의 혼의 수준을 높여준다는 목표를 가지고 있는 거겠죠?

양 그렇다고 볼 수도 있겠네요. 연주자들이 더 큰 이상을
꿈꾸게 하는 역할을 해야겠지요.

김 혹시 평창대관령음악제에서는 지나가는 사람들이 다
들을 수 있는 연주도 하나요?

양 길거리 연주를 말씀하시나요?

김 예를 들자면 야외에서 열리는 짧은 현악 사중주 공연
같은 것요.

양 물론이죠. 메인 프로그램 외에 '찾아가는 음악회' '가
족 음악회'가 있습니다. 가족 음악회는 그야말로 어린
아이들이 엄마, 아빠, 할머니, 할아버지 손을 잡고 와
서 들을 수 있어요. 한 시간 이내의 콘서트가 여러 개
열립니다. 프로그램 난도 자체도 쉬운 편이고요. 남녀
노소 모두 들을 수 있습니다.

김 수준이 반드시 쉬울 필요는 없을 것 같아요. 베토벤의
현악 사중주 수준의 공연을 해도 좋겠다는 생각입니
다. 지나가는 사람들 누구나 잠깐 듣고 감동할 수 있는
퍼포먼스도 가능한지 여쭙는 겁니다.

양 베토벤의 현악 사중주를 들을 때는 비교적 긴 시간 한
자리에서 듣는 게 더 좋기는 합니다. 지나가는 순간에
는 잘한다, 좋다, 느낄 수 있지만 베토벤의 감동을 느
끼기에는 부족한 시간이고 마땅한 장소도 아닌 것 같
아요.

곡의 음들을 소설의 단어들에 비유해보죠. 몇몇 단어만
으로는 소설의 스토리라인이나 깊이를 알기는 힘들지 않
을까요? 음악 역시 단면만 듣고는 제대로 이해하긴 어려
울 거예요.

김 전체적으로는 그렇겠죠. 하지만 인생의 작은 경험이
나중에 얼마나 큰 경험으로 이어질지는 모르잖아요.
순간만 들어도 사람들에게는 좋은 자극이 될 수 있을
것 같아요.
토마스 만의 소설 〈파우스트〉에서 천재 작곡가 아드리
안 레베르쿠엔이 기이한 대위법 공부를 시작한 계기가
나오는데요. 유년기에 들었던 프랑스 동요 〈프레르 자
크Frère Jacques〉 돌림 노래가 계속해서 그의 음악적 사
고에 영향을 주었다고 암시됩니다. 음악 교육과 즐거
움의 '자연스러운 연속성'을 보여주는 것 같습니다.

양 어린 시절의 음악적 경험이 절대적인 영향을 미칠 수
있죠.

김 그런 점에서 베토벤의 현악 사중주의 야외 연주 실험
도 충분한 가치가 있다고 보거든요. 그리고 제가 양 선
생님보다 수준이 낮아서도 그렇겠지만 음악을 듣는 경
험 중에서 감동적인 경험들은 교회에서 연주하는 음악을
밖에서 잠깐 지나가다가 들을 때였습니다. 그런 효과를
생각하면 프로가 상당히 수준 높은 연주를 단 30분만 해

양 가능하지요. 그런 식으로 먼저 접하고 나서 콘서트홀에서 연주할 때 찾아와서 듣는다면 가장 좋겠네요.

김 평창대관령음악제에서 한번 시도해보면 어떨까요?

양 네, 그런 것도 고려하고 있습니다. 낮에 복도에서 무료로 연주하고 저녁에 유료 관객 앞에서 연주하는 것도 생각했습니다.

또 하나는 평창이라는 공간을 이용하는 것인데요. 음악제가 열리는 장소 주변에 좋은 등산로가 있습니다. 아직은 계획이긴 한데, 이동하기 쉬운 악기를 다루는 아티스트들에게 산에 올라가서 등산객 앞에서 음악을 연주해보자고 제안해볼 참입니다.

김 아, 이미 계획을 다 하고 계셨군요!

양 네, 몇 번을 할 수 있을지는 모르겠지만, 아침 7시에 함께 악기를 짊어지고 한두 시간 산을 올라서 9시에 연주하고 내려오는 것입니다.

김 정말 좋은 계획입니다! 조금 더 큰 계획을 세울 수도 있지 않을까요? 제가 제안하고 양 선생님이 말씀하신 종류의 프로그램들을 한데 묶어서 큰 프로젝트를 실행하는 것입니다.

가령, 이런 대규모 프로젝트를 3년 동안 시도해보겠으니 지원해달라고. 처음에는 정부의 시드머니를 받아서 향후에 자체적으로 운영할 수 있는 방향으로 발전시키는 거죠.

양 정부 지원을 받은 프로젝트라도 얼마나 지속적으로 운영될지는 미지수입니다. 정권이 바뀌면 정책이 바뀌기도 하니까요.웃음

김 그러니까 시드머니가 필요하다는 거예요. 계속 지원해달라고 요청할 게 아니라 처음 한 번만 크게 지원해달라고 하는 거죠.

양 한국에서는 조금 어렵지 않을까 싶어요. 매해 책정된 예산 안에서만 움직여야 하고, 그 예산은 그해에 다 써야 하는 걸림돌이 있습니다.

김 저희가 영국 학계에서 계획하는 프로그램들 거의가 시드머니 요청부터 하거든요. 일단 지원해주면, 그다음엔 우리가 알아서 하겠다는 방향으로.
상당히 도진직인, 그러나 잘 짜인 프로그램들을 전국 단위로 실행해보는 거죠. '이런 프로젝트가 흥행이 된다면 세계적인 프로젝트가 될 것이다' '우리가 바로 그 첫 번째 주자로 나서보겠다' 정부에 이런 제안을 해보면 어떨까요?

양 아이디어가 좋습니다. 그렇게 시작한 것이 평창대관령음악제입니다.

김 그렇긴 한데 좁은 영역에서만 하고 있는 것 같아요. 물

론 그런 시도는 매우 중요했고 그 영향력도 크긴 했지만요.

양 통영에서 음악회를 시작한 후에 평창에도 음악회가 생겼습니다. 평창대관령음악제는 한국에서 가장 큰 음악제죠. 20여 년 이어지면서 다양한 페스티벌이 탄생했습니다. 음악을 접할 기회가 더 많아진 셈입니다.

김 페스티벌도 중요하지만 일상에서 음악을 더 많이 연주하고 더 많이 들을 수 있어야 한다고 생각합니다. 예를 들어, 학교에서, 직장에서, 작은 홀에서, 병원에서, 심지어 교도소에서도. 스케일을 키우는 거죠.
지원금 관련해서 학계에서는 농담 비슷한 진담을 하곤 합니다. '백만 달러를 달라고 했을 때 거절당하면 천만 달러를 달라고 하자.' 더 큰 비전을 제시해야 지원금을 받을 수 있다는 뜻입니다.웃음

양 제가 예산을 요청할 때 총액에서 '0'을 하나 더 붙이면 되겠네요.웃음

김 가성비 높은 아이디어를 제시하면 될 것 같습니다. 그 프로젝트를 성공시켜서 3년 후에는 자체적으로 수익을 내는 프로젝트로 만들겠다고 하는 거죠.

양 기억하실지 모르지만 김 선생님과 제가 함께 들었던 강의가 있습니다. 클래식 음악을 문화 외교 도구로 썼다는 강의였습니다.

김 제가 최근에 만난 분 중에 대형 프로젝트를 점검하는,
   에든버러음악대학교 교수가 있었습니다. 그래서 저런
   프로젝트를 최근에 더 많이 생각하게 됐어요.

양 꼭 국가 단위가 아니어도 좋겠습니다. 지역 간 교류를
   음악 프로젝트를 통해서 할 수도 있고요. 음악가들에
   게는 좋은 기회가 될 것 같습니다. 콩쿠르에서 입상하
   지 못한 연주자가 어떻게 연주로 생계를 유지할 수 있
   는가 하는 문제를 해결할 수도 있습니다.
   비즈니스 능력이 관건이겠습니다. 제가 말씀드린, 학
   원 운영하는 제자도 이런 능력이 뛰어납니다. 요즘에
   는 유튜브도 있고요. 유튜버들이 생계를 꾸릴 수 있다
   는 건 10년 전만 해도 꿈도 못 꾸었잖아요. 예술 분야
   에서도 이런 노력이 필요하다는 생각이 들어요.

김 이런 도전적이고 큰 프로그램을 짤 때는 '심각한' 음악
   가들의 귀에는 피상적으로 들릴 수 있는 엉뚱하고 발
   랄한 아이디어들이 많이 포함되어야 할 것 같습니다.

양 맞는 말씀입니다. 그래야지만 다양한 의견을 모을 수
   있고 다양한 아티스트를 초대할 수 있고 관객 역시 다
   양해지겠죠.
   조금 다른 이야기인데, 저는 새로운 시도를 할 때는 기
   다림이 반드시 필수라는 생각을 합니다. 꾸준히 하는
   게 쉽지 않아요. 아무도 기다려주지 않거든요. 한두 번

으로는 눈에 띄는 효과가 없을 거예요. 그래서 포기하는 경우도 많습니다.

김 그래서 천만 달러짜리를 계획하는 것입니다. 설사 나중에 예산이 깎인다고 해도 처음부터 적은 금액에서 깎이는 것과 큰 금액에서 깎이는 것은 차이가 크잖아요. 예산이 줄어들 것까지 계획에 포함해야 합니다. 말하자면 9년 계획해서 처음 3년간은 100퍼센트 지원, 그다음 3년간은 50퍼센트 지원, 나머지 3년간은 25퍼센트 지원해주면, 그 후에는 자체 운영하겠다는 식으로요.

양 국가에서 지원해주는 총액만 놓고 보면 그리 적지도 않습니다. 다만 여러 단체에 혜택이 돌아가게끔 하는 것에 치중하는 것 같습니다. 그러다 보면 한 단체에서 가용할 수 있는 지원금이 터무니없이 적을 때가 많죠.

김 바로 그런 점 때문에 처음부터 크게 제시하자는 것입니다. 큰 단위 금액을 받아서 나중에는 작은 단체를 고루 지원하는 실질적인 효과를 내겠다는 계획을 세워야 하는 거죠. 그래야 이득의 총합도 커질 거니까요. 제가 너무 웃기는 아이디어를 자꾸 떠벌리네요. 웃음

양 가장 효과적인 설득의 논리는 대형 프로젝트의 시드 머니를 지원해주면 이 프로젝트를 성공시켜서 국제적인 모범 사례로 만들 것이라고 하는 거죠. 그런 설득을

잘할 수 있는 사람을 찾아야겠네요. 연주로는 콩쿠르에서 우승하지 못해도 이런 설득을 잘할 수 있는 연주자가 있을 거예요.

김 저는 양 선생님이야말로 이런 프로젝트를 계획하고 주도할 수 있는 적격자라고 생각하는데요!

양 저요? 아니에요.웃음

저는 문화와 예술이 우리 삶을 아름답게 만들 수 있다고 생각하는 이상주의자입니다. 올바른 사회, 더 나은 사회의 모습에 대해서는 많이 상상하는 편입니다.

김 그런 방향으로 논리를 펴나가면 되죠. 예술 분야에서 음악이 세상을 바꿀 수 있는 가능성이 가장 높다고 봅니다.

양 그런가요?

김 네, 모든 사람이 음악을 사랑하잖아요!

양 좋은 글에도 사람들은 반응하잖아요.

김 책을 단 한 권도 안 읽는 사람이라도 음악은 듣습니다.웃음

양 음악을 그냥 듣는 것과 경청하는 것은 또 다른 차원의 문제인데요. 또 엘리베이터에서 흘러나오는 음악과 제대로 연주되는 음악도 다르고요.

김 굉장히 다르죠. 하지만 그렇게 감상의 수준과 음악의 수준을 이분화해서 출발하면 안 되거든요. 경청이 아

니어도 좋고, 연주회 음악이 아니어도 좋겠다로 시작
해야죠. 제가 말씀드린 그런 대형 프로젝트에서 가장 중
요한 것은 바로 라이브 음악입니다. 레코딩 음악 중에는
의미 없는 음악도 있긴 합니다. 하지만 라이브로 들을 때
는 의미 없는 경우가 없다고 보는데요.

양 맞습니다. 인공지능이 빠르게 발전해서 몇 초 만에 일
을 해치우고 그림을 그리고 심지어 음악도 만드는 시
대에는 라이브 음악이 점점 더 중요할 것 같습니다. 그
림을 보기 위해 직접 미술관을 찾거나 음악을 듣기 위
해 직접 콘서트홀을 찾게 될지도 모르겠습니다.

김 그럼요, 말씀 나누다 보니까 좋은 논리를 또 하나 찾은
것 같습니다. 인공지능 시대에 라이브로 연주하고 라
이브로 듣는 것이 얼마나 의미 있는 일인지를 피력하
는 거죠.

양 인공지능을 정보를 얻는 도구로 활용하고 그다음에
직접 라이브 음악을 찾게 된다면 정말 좋겠습니다. 녹
음된 음악이라고 하더라도 스튜디오에서 녹음한 것
이 아니라 실제로 홀에서 연주하는 음악을 녹음한 것
이어야 하고요. 그런 라이브 녹음 음악을 들을 수 있는
살롱을 많이 만들어도 좋겠다는 생각이 드네요.
참, 재즈 바는 많은데 클래식 바는 왜 없느냐고 하셨지
요? 요즘 들어 LP 바가 많아지고 있습니다.

김 그런가요? 양 선생님도 잘 알고 계시겠지만 저희가 어
    렸을 때는 음악 감상실이라는 게 사방에 있었잖아요.

양 그랬죠.

김 그런데 저는 한국 말고 다른 나라에서는 그런 음악 감
    상실을 본 적이 없습니다.

양 한국과 일본에는 꽤 있습니다. 음악 자체만 강조할 게
    아니라 문화 수준이 전반적으로 올라가면 좋겠습니다.
    특히 문학의 수준에 저는 관심이 많습니다. 일전에 수
    학이 매우 높은 수준으로 올라가면 문학과 매우 가까
    워진다는 말씀을 하신 적이 있는데요. 그런 점에서 문
    학이든 수학이든 음악이든 사람들이 더 많이 알게끔
    보급하는 게 저희 교육자의 역할이 아닌가 싶습니다.

김 제가 작년 여름에 수학의 역사를 주제로 하는 학회를
    조직했습니다. 올해 여름에는 '수학과 문학'이라는 학
    회를 조직할 계획입니다. 내년에는 저하고 함께 '수학
    과 음악'이라는 학회를 조직해보면 어때요?

양 영광이지요! 웃음 음악이 수학에 비해 얼마나 떨어져 있
    는지 들통이 날 겁니다.

김 그렇지 않습니다. 짜임새 있게 잘 조직하는 방법이 있
    을 것 같아요.

양 저는 어떤 분야건 상당히 높은 수준의 이해와 성취에
    이르면 분야 간 교류가 더 쉬워질 거라는 생각을 하곤

합니다. 이종 분야 교류에 대한 아이디어들이 더 많았으면 좋겠어요.

김 어느 분야건 간에 궁극적으로 세상을 이해하고 우리 자신을 이해하는 데 초점을 맞추기 때문일 겁니다.

양 한국의 음악뿐 아니라 다른 분야 역시 최근 20~30년 동안 크게 발전한 것 같은데, 김 선생님이 보시기에 어떤가요?

김 음악이 특히 그런 것 같고 문학도 각광받고 있죠.

양 수학 쪽은 어떤가요?

김 수학 분야에서도 잘하고 있습니다. 예전에도 잘하고 있긴 했지만 새로운 걸 '발견'하는 면에서는 좀 약했죠. 수학 '연구'를 하기 시작한 게 최근의 일이거든요. 우리나라가 수학 연구를 한 것, 심각하게 하기 시작한 것은 40년가량 된 것 같습니다.

사실, 많은 나라가 그렇습니다. 전 세계적으로 연구 중심 대학이 많지 않았습니다. 예전에도 양 선생님에게 말씀드렸던 것 같은데, 옥스퍼드나 케임브리지 같은 일류 대학교에서도 저의 윗세대 교수님들 중에 연구라고는 전혀 안 하던 분들이 많았습니다. 지금은 거의 연구 중심으로 바뀌었습니다. 60~70년대에는 그냥 가르치기만 하고 연구를 안 하는 게 일반적이었습니다. 대학교가 연구에 집중하는 방향으로 진화된 과정 역시 그리 간단하지는 않을 겁니다. 피상적으로 말씀드리면 60년대에 미국에서 연구 중심 대학교들이 생겨났습니다. 그 모델이 다른 나라들로 퍼졌고요. 그전에도 연구에 집중하는 연구자들이 여기저기에 있었지만 극소수에 불과했습니다. 대학교가 그런 방향성을 잡은 것은 미국이 처음인 것 같습니다. 모든 교수가 연구에 매진하는 엘리트 대학교라는 개념은 최근에 만들어졌습니다.

양 특히 한국에서 많은 발전한 분야가 또 없을까요? 경제적·정치적으로 단시간에 이렇게 발전한 나라가 없으니 다른 분야에서도 그에 못지않게 발전했을 거라 생각하거든요. 지금 정치적 다툼도 진화의 산물이잖아요. 대통령을 부정하고 비판할 수 있는 나라에 사는 사람들이 전 세계 인구의 17퍼센트밖에 안 된다는 연구가 발표되기도 했습니다.

김 한국을 다른 나라와 비교하자면 음악이 가장 크게 발전한 것 같습니다.

양 K-시네마, K-팝, K-인더스트리 등등 다 함께 발전하고 있죠. 라면을 그렇게 많이 수출하고 있다고 해요. 재밌는 현상 아닌가요? 요즘 이런 현상을 접하다 보면 온 국민이 그간 열심히 살아왔기 때문에 얻은 결과 아닌가 하는 생각을 합니다.

김 그리고 자기가 잘하고 있는데도 못하고 있다고 여기
는 것이 발전에 굉장히 기여를 많이 하는 것 같아요.

양 그게 바로 전형적인 코리안 마인드인 것 같아요.웃음
반면에 프랑스인은 잘 못하는데 잘한다고 생각한다고
들었습니다.

김 프랑스 학자들이 그런 편인 것 같습니다.웃음 그다지
신통한 연구가 아닌 것 같은데도 본인이 특별히 잘한
다고 생각하는 사람들이 상당히 많습니다.

양 선생님도 잘 아시겠지만, 프랑스의 엘리트 교육기
관들이 세계 대학교 랭킹이 발표되고 나서 큰 충격을
받았다고 합니다. 본인들이 잘하고 있다고 생각했는데
순위가 형편없었던 거죠. 그 후부터 정부가 압력을 받
기 시작했죠. 굉장히 재미있는 현상입니다.

저희가 '클래식 음악의 미래, 미래의 클래식 음악'이라
는 주제로 마지막 대화를 나누었는데요, 다른 말로 '클
래식 음악의 대중화' 혹은 '대중의 클래식 음악화'로
표현할 수도 있겠습니다.

어떤 식으로 표현하든 음악은 수학보다 대중화가 훨씬 쉬워
야 할 것 같습니다. 클래식 음악에 대한 전문 지식이 없는 사
람도 진심으로 음악을 즐기는 것이 가능하니까요. 이 중요
하고 결정적인 사실을 인지하고 활용하지 않은 채 밥벌이가
어려운 뛰어난 음악가들이 많다는 건 대체로 음악계의 책임

이라고 생각합니다.

'수준을 높이지 않으면 제대로 즐기지 못한다'고 따질 수도 있겠지만 그야말로 제한적인 관점 아닐까요? 동요를 부를 때부터 성악을 할 때까지, 그러니까 아마추어로 시작해서 이해의 깊이를 파고 넓이를 넓히면 즐거움의 정도도 커지겠지요. 수학 분야에서는 이런 과정이 제대로 이루어지지 않는데, 이것 역시 수학자들의 책임입니다.

제가 음악의 대중화에 대해서 생각하던 와중에 '보통' 사람들이 감동받을 수 있는 음악, 그래서 선생님에게 보여주고 싶은 장면을 찾았습니다. 〈트랩 패밀리Trapp Family〉라는 영화의 한 장면입니다. 혹시 알고 계시나요?

양 처음 들어보는 제목입니다.

김 〈사운드 오브 뮤직〉과 원작이 같아서 스토리도 같습니다. 마리아 폰 트랩의 전기를 바탕으로 독일에서 만든 영화입니다. 총 두 편인데, 전편은 〈사운드 오브 뮤직〉처럼 독일에서 미국에 도착할 때까지를 다루고 있고, 후편은 미국에 도착한 후 생계를 꾸려나가는 과정을 담고 있죠.

제가 보여드리고 싶은 장면은 전편의 마지막 장면인데요. 트랩 가족이 미국 이민국에 도착해서 스폰서가

되어주기로 한 비즈니스맨을 만납니다. 그런데 그자
가 자신은 그런 약속을 한 적 없다고 트랩 가족을 무시
해요. 이때 가족 모두 노래를 부르기 시작해요. 내용은
이렇습니다. '왜 우리를 받아주지 않느냐' 논쟁을 하는
거죠.

너무 갑자기, 높은 수준 높은 퍼포먼스가 펼쳐집니다.
미국 이민국에 모여 있는 사람들이 음악에 대한 경험
이 그리 많진 않겠죠. 그런데 트랩 가족의 노래를 듣고
크게 감동하는 장면을 상당히 설득력 있게 그려내고
있어요. 만약 저런 상황이 가능하다면 높은 수준의 음
악을 대중화하는 것도 당연히 가능해야 한다고 생각
해요.

양 네, 저도 가능할 거라 생각합니다. 특히 성악은요. 뜻
밖의 장소에서 뜻밖의 레퍼토리로 뜻밖의 감동을 줄
수도 있겠습니다.

김 그래서 양 선생님에게 또 말씀드리는 겁니다. 대규모
의 음악 대중화 프로젝트를 정부에 제안해보시기 바
랍니다.웃음

음악에 대한 진지하거나 가벼운 질문, 그리고 방황

제가 대학을 다니던 시절에는 음악에 몰두하는 친구들이 참 많았습니다. 정치적으로 혼란스러운 시기였음에도 학교 전체에서 전공 분야와 상관없이 많은 이들이 학생회관의 음악 감상실에서 매일같이 수 시간을 보내고, 어쩌다 한 번 방한하는 유명 인사의 공연에 대해서 함께 열광하는 음악 애호가들이었습니다. 저와 자주 만나던 수학과나 물리학과 학생들 가운데도 음악대학 수업도 듣고 음악사 책도 열심히 읽어서 엄청나게 박식한 친구들이 꽤 있었습니다.

그들에 비해서 저는 음악을 방대하게 공부할 탐구력과 집중력이 부족했습니다. 단지 어릴 때부터 넌지시 가지고 있던 음악에 대한 구체적인 궁금증들이 하나에서 둘, 둘에서

셋으로 이어지면서 이런저런 곡들을 접하고 음악의 시공간을 계획과 체계 없이 배회하며 다니기는 했습니다. 졸업 후 유학, 취직, 연구 등에 쫓기면서 30대에 접어들고서는 아이들이 자랄 때까지 음악을 별로 듣지도 않는 지경에 이르렀습니다. 그래서 유럽 클래식 음악에 대한 기본적인 소양으로 말할 것 같으면 지금도 허점투성이고 동양 음악에 대해서는 무지하기 이를 데 없습니다.

그래도 음악을 어떤 의미에서인가 이해하고 싶다는 마음은 예나 지금이나 꽤 강했습니다. 고대 철학자 피타고라스가 음악을 통해서 수학의 보편성을 발견했다는 전설처럼 인간 경험과 인식의 절대적인 면을 음악이 건드린다는 기대 혹은 의심이 한쪽에서 자라기도 했습니다. 가령, '왜 누구나 다 그렇게 음악을 좋아하는가?'는 저에게 정말 미스터리였습니다.

학자로 지낸 기간도 이제 40년 가까이 됩니다. 그간 제 자신의 업조차도 체계적으로 이해한 부분이 너무도 적다고 느낍니다. 그럴 수밖에 없는 것이 저는 워낙에 게을러서 지식을 대화를 통해서 습득하려는 성향이 있습니다. 그런 저를 너그럽게 받아들여주고 친절하게 설명해주는 전문가 친구들이 제 주변에 항상 있었던 것은 큰 행운입니다.

궁금한 주제에 대해서 오랜 기간에 걸쳐서 진행되는 느긋한 질의응답 덕분에 세상을 공부하고 수학과 물리학도 차차 습득했습니다. 그래서 그럭저럭 생계유지를 할 만큼 직장은 잡았고 제 나름대로는 지금도 즐겁게 공부하고 있습니다.

제 습관이 원래 그랬기 때문에 세계적인 첼리스트 양성원 선생님이 책을 같이 써보자는 제안을 하셨을 때 더없이 기뻤습니다. 음악에 대한 수학자의 궁금증을 풀어줄 만한 대화를 여러 차례 하고 그것을 토대로 책을 쓰자는 제안이었습니다. 최고의 전문가로부터 음악 개인 교습을 받을 기회가 찾아온 것입니다.

그렇게 시작한 프로젝트는 때때로 지연되고 주제가 조금씩 변경되거나 확장되면서 제 성격처럼 방황하기도 했습니다. 양 선생님의 심각한 사고의 흐름을 제가 방해한 일도 무수히 많았고, 제가 하나에 집중하지 못해서 성가신 잡담으로만 기여한 건 아닌지 걱정입니다. 무엇보다도 심각한 음악 이야기를 깊이 있게 나누고 싶어하셨던 양 선생님의 기대에 못 미쳐 아쉽기도 합니다.

양 선생님은 음악도 같이 들으면서 전문적인 연주가의 관점을 설명하고 그것을 통해서 일반인뿐 아니라 음악을 공부하는 학생에게까지 도움이 될 만한 글을 쓰고 싶어하셨습니다. 그러나 제 실력과 진지함이 부족해 대화는 문화와 사회와 신변잡기로 흘러가기 일쑤였고 음악에 관한 저의 부족한 교양만 드러나곤 했습니다. 양 선생님의 참을성 있는 지도 덕분에 오랜 기간에 걸쳐서 이만큼이나 정리할 수 있어서 기쁘게 생각합니다. 그렇게 되기까지 김영사 심성미 팀장의 정성스러운 도움이 결정적인 역할을 했습니다.

이렇게 쓰인 책이 어떤 독자들에게 도움이 될까 걱정하면서도 양 선생님의 번뜩이는 인사이트가 충분히 살아나는 지점들을 여럿 발견하고는 안심하기도 했습니다. 제가 절대적으로 기여한 점이 있다면, 이 책을 읽는 독자가 '음악에 관해서 저 정도로 우둔한 질문을 해도 되는구나'라고 생각할 수 있을 거라는 점입니다. 이를 통해 스스로 음악을 이해해나갈 자신감을 키울 수도 있지 않을까 기대해봅니다. 저 역시 이번 경험을 토대로 양 선생님의 높은 기준도 충족할 만한 다음 책을 준비할 수 있지 않을까 기대해봅니다.

2024년 6월
스코틀랜드 에든버러에서
김민형

〈무반주 첼로 모음곡〉
〈무반주 바이올린 소나타〉
〈푸가의 예술〉
미샤 마이스키
파블로 카잘스
아너르 빌스마
므스티슬라프 로스트로포비치
요요마
랑랑
재클린 뒤프레
〈겨울 나그네〉 중 '보리수'
음 생성기
주파수 그래핑
스펙트럼 분석기
배음 영상
〈트랩 패밀리〉

우리가 경험하는 세계는 우리의 뇌가 어떤 샘플(표본)들로부터 세상을 배웠는가에 따라 저마다 다르다. 세상을 음악의 언어로 학습한 사람과 수학의 언어로 학습한 사람이 만나면 두 개의 서로 다른 세계가 만나는 것이다. 흥미로운 것은, 음악 안에도 수학이 있고, 수학으로 음악을 이해할 수도 있다는 것. 서로 다른 세계인 줄 알았으나 알고 보니 그 둘은 밀접하게 연결되어 있다는 신묘한 경험을 할 수 있게 해주는 것이 바로 수학자와 음악가의 대화를 담은 이 책이다. 모든 세계는 서로 통하며, 모든 뇌는 서로 연결되어 있다는 것이 우리가 함께 대화할 수 있고, 음악을 즐길 수 있고, 세상을 수학으로 이해할 수 있는 이유가 아닐까. 물론, 수학의 응용은 물리학과 연결되고, 음악의 경험은 뇌와 연결되어 또 다른 세계들이 이어지기에 물리학자도, 뇌과학자도 이 대화에 참여할 수 있었다면 어땠을까 상상하게 만들지만, 클래식 음악을 더없이 사랑하여 한때 음악가의 꿈을 꿨던 과학자의 입장에서도 이 흥미로운 책을 많은 이들에게 추천하고 싶다.

뇌과학자 장동선